**TENDENCIAS DE LA INVERSIÓN SOCIAL
PRIVADA EN LATINOAMÉRICA**

Presidente del Consejo Deliberativo
Celso Varga

Director Presidente
Marcos Kisil

Presidente del Consejo
Dominic Casserley

Director Ejecutivo
John Low

GOBIERNO DEL ESTADO DE SÃO PAULO

Gobernador
Geraldo Alckmin

CASA CIVIL

Secretario en jefe
Sidney Beraldo

imprensaoficial

Director Presidente
Marcos Antônio Monteiro

**TENDENCIAS DE LA INVERSIÓN SOCIAL
PRIVADA EN LATINOAMÉRICA**

Helena Monteiro
Marcos Kisil
Márcia Kalvon Woods

IDIS (Instituto para el Desarrollo de la Inversión Social) es una organización social de interés público (OSCIP), fundada en 1999, con el objetivo de promover el compromiso de personas, familias, empresas y comunidades en acciones sociales estratégicas que transformen la realidad y que, de esta forma, contribuyan a la reducción de las desigualdades sociales en el País. Para dicha finalidad, este instituto plantea a los inversionistas sociales formas innovadoras y efectivas de invertir recursos en el área social. Su misión es: "Promover y estructurar la inversión social privada como un instrumento de desarrollo de una sociedad más justa y sostenible".

La presente publicación se produjo después de la realización del evento Foro de Liderazgo – El futuro de la inversión social privada en Latinoamérica, del 23 al 25 de septiembre de 2007 en São Paulo. El objetivo del evento fue propiciar un ambiente de reflexión que, con base en el intercambio de conocimientos y experiencias, posibilitase la exploración de los desafíos y del papel de la inversión social privada (individuos, empresas y familias) en Latinoamérica, durante los próximos años.

Para saber más sobre IDIS, acceda a: **www.idis.org.br**

CAF Charities Aid Foundation

El objetivo de la fundación CAF (Charities Aid Foundation) es sencillo: hacer que las donaciones aumenten. Nosotros facilitamos el proceso de gestión de recursos a los donantes y a las organizaciones sociales. ¿Y cómo lo hacemos?

- Posibilitamos que los donantes hagan donaciones a organizaciones en cualquier parte del mundo aprovechando los beneficios fiscales.
- Apoyamos a los empleados a elaborar e implementar programas de donaciones, de voluntariado y comunitarios.
- Distribuimos recursos a más de 90 países y trabajamos con diversas organizaciones para mejorar la capacidad organizativa de los donantes y ampliar el impacto de su trabajo.
- Trabajamos como una Red CAF Internacional con oficinas en los Estados Unidos, Australia, Brasil, India, Rusia, Sudáfrica, Bulgaria y Reino Unido.

IDIS es el responsable por la actuación de CAF en Latinoamérica y forma parte de su rede internacional. La alianza firmada a fines de 2005 es una decisión que se tomó a raíz de la nueva estrategia global de CAF. Ambas organizaciones se comprometen a actuar conjuntamente en el área de la inversión social privada.

Para saber más sobre CAF, visite el sitio: **www.cafonline.org**

Agradecemos el apoyo de las empresas aliadas – Fundação Vale do Rio Doce, Fundação Banco do Brasil, Gerdau, Instituto Camargo Correa, Fundación Loma Negra, que con su apoyo posibilitaron la realización del encuentro. La colaboración de todos es fundamental para la difusión de la inversión privada.

ÍNDICE

Prefacio 9

Presentación 15

Perfil del Inversionista Social en Latinoamérica:
características regionales, influencias globales 19

Panoramas de la inversión social 27

    Contexto Global: un Escenario de Cambios 29

        Estados Unidos 31

        Reino Unido y Europa 34

        Australia y Asia Pacífico 38

    Contexto Regional: avances para la Transformación Social 43

        México 45

        Argentina 49

        Brasil 52

Inversión social en Latinoamérica: mirando hacia el futuro 59

    Oportunidades y desafíos 61

    La empresa y la familia como inversionistas sociales:
características, desafíos y su relación con la sociedad civil
y el sector públicos 67

    Conclusión 73

Anexos 75

Anexo A: Lista de Participantes 77

Anexo B: Minibiografía de los conferencistas invitados
y autores Conferencistas 79

PREFACIO

Cuando tuvo lugar el Seminario Internacional sobre Inversión Social en Latinoamérica, no había estallado aún la crisis económica y financiera que ha arruinado todas las sociedades desde mediados del último semestre de 2008. Creo que, en este prefacio, debemos analizar con atención algunos de los posibles efectos de la crisis sobre la filantropía en la región para que podamos contextualizar mejor los resultados del Seminario que aquí serán presentados.

En la última década, junto con la estabilización de la economía en varios países de la región, hemos presenciado un movimiento de crecimiento y profesionalización del Tercer Sector. Por ejemplo, en el caso brasileño, es innegable que las mejores condiciones económicas encontradas en la era posterior al Plan Real posibilitaron que empresas y personas físicas empezasen a invertir más recursos en proyectos dirigidos al bienestar de la sociedad, lo que generó un ciclo virtuoso de desarrollo. Debido a ello, en este momento en que el mercado financiero atraviesa una crisis mundial sin precedentes, resulta necesario entender la forma como la crisis ha afectado al Tercer Sector y con qué intensidad.

No estamos hablando de un sector marginal o de poca importancia económica. Estamos halando de un segmento que representa, en Brasil, nada menos que el 5% del Producto Interno Bruto (PIB) del País[1] y que es

---

1. Estudio del Programa de Voluntarios de las Naciones Unidas (UNV), 2006

superior a la producción de la industria de extracción mineral (petróleo, mineral de hierro, gas natural y carbón, entre otros) y a la del sector industrial de 22 Estados brasileños, tan sólo atrás de São Paulo, Rio de Janeiro, Minas Gerais, Rio Grande do Sul y Paraná. Se estima también que el Tercer Sector emplea cerca de 1,5 millón de asalariados ó el 5,5% de los empleados de todas las organizaciones formalmente registradas en el País[2].

La primera pregunta que nos debemos hacer es cuál será la magnitud del efecto de esta crisis sobre el desarrollo del mundo de la filantropía, ya que su impacto no será el mismo en todos los países por razones de carácter histórico y estructural, específicas a cada uno de ellos. En los Estados Unidos, por ejemplo, la mayoría de las donaciones se otorgan de forma institucionalizada a través de fundaciones, las cuales constituyen organizaciones construidas sobre la base de fondos patrimoniales, generalmente administrados de manera conservadora bajo la forma de inversiones en activos de renta fija, pues existe el compromiso de la perpetuidad. Aun así, debido a la caída de las tasas de interés, el rendimiento de dichos activos se ha desplomado drásticamente. La conocida historia sobre la forma como la filantropía americana ha reaccionado a diferentes crisis económicas nos permite pensar que la misma es relativamente estable.

Sin embargo, hay organizaciones filantrópicas en los Estados Unidos que no están protegidas, ya que invierten sus recursos de forma más agresiva. Algunas de ellas han sufrido pérdidas sustanciales de sus fondos patrimoniales, como lo comprueba un reciente estudio del Foundation Center realizado con aproximadamente 1.200 fundaciones americanas[3]:

- Aproximadamente 2/3 de dichas fundaciones redujeron la cantidad de proyectos patrocinados y/o la magnitud de su apoyo financiero;
- Aproximadamente un 40% de las fundaciones crean que tendrán que usar parte de sus fondos patrimoniales para cumplir los compromisos asumidos, lo que comprometerá su capacidad de patrocinar proyectos futuros;
- Aproximadamente la mitad de las fundaciones han decidido buscar formas de actuación que no impliquen en la donación de recursos.

---

2. FASFIL - As Fundações Privadas e Asociações sem Fins Lucrativos no Brasil – 2005
3. Foundations Address the Impact of the Economic Crisis April 2009. By Steven Lawrence, Senior Director of Research

Además de las fundaciones, los nuevos filántropos también están sufriendo los efectos de la crisis. Se trata de ejecutivos o empresarios exitosos que, en determinado momento, deciden asignar recursos a programas y proyectos innovadores de organizaciones sociales en las que se involucran activamente, pero, porque son innovadoras, representan un riesgo mayor. Los nuevos filántropos han surgido debido al "boom" económico de años recientes y han adoptado posturas de actuación más agresivas, patrocinando directamente programas y proyectos en vez de hacerlo indirectamente a través de la creación de fondos patrimoniales. La cantidad de recursos asignados varía según el desempeño del propio negocio del que son propietarios, o sea, no existe una constancia ni el compromiso de perpetuidad, como en el caso de un fondo patrimonial. Con la crisis, sus ingresos han disminuido y, consecuentemente, sus filantropías también.

La escasez de recursos provenientes de fuentes internacionales puede impactar a las organizaciones brasileñas. Por ejemplo, es un hecho muy conocido que la participación de las fundaciones internacionales se ha reducido desde la elevación de Brasil a la categoría de emergente e integrante del grupo conocido como los países BRIC (Brasil, Rusia, India y China). Debido a la actual crisis, podemos esperar que haya una reducción de los recursos originarios de otras fuentes. Esto es lo que ha ocurrido con los recursos que provienen de los países europeos, como Alemania y Holanda, en donde por varias décadas ha prevalecido el llamado "Estado del Bienestar Social". En estos países los impuestos son altos, y una parte de dicha recaudación se redistribuye a los países emergentes a través de tres canales: partidos políticos, centrales sindicales e iglesias, proporcionalmente a la representatividad de cada uno de esos países dentro de la población de electores. Algunas de dichas organizaciones envían recursos para proyectos sociales en el exterior, incluso en Brasil. Dada la necesidad de ayudar al sector financiero y, en especial, de resolver la crisis de liquidez y crédito, los gobiernos de estos países han tenido que utilizar internamente parte de sus recursos que, en otro momento, hubieran estado disponibles para ayudar a organizaciones extranjeras. A esta situación se debe añadir la posibilidad de una recesión mundial y la consecuente reducción de la recaudación de impuestos, lo que conduciría a una disminución de los recursos que se podrían asignar a donaciones internacionales.

En Brasil, como en la mayor parte de la filantropía latinoamericana, pocas organizaciones han definido de forma estratégica la creación de un fundo patrimonial capaz de garantizar la longevidad y constancia de los programas. La mayoría de los institutos o de las fundaciones filantrópicas nacen apoyados en recursos que otorga anualmente el inversionista social.

Una característica importante del sector es que, según un estudio de IPEA de Brasil (un instituto brasileño de investigación económica aplicada), dos tercios de las organizaciones de la sociedad civil logran su sostenibilidad con recursos generados mediante la venta de productos o servicios. Esto significa que dichas organizaciones están insertadas en las economías de los países y, por lo tanto, también pueden sufrir el impacto de la recesión, además de recibir menos donaciones de individuos que tendrán que recalcular el presupuesto de sus economías domésticas debido a la inflación o dificultad de conservar sus empleos por causa de la recesión.

Otro aspecto que afecta a las organizaciones de la sociedad civil brasileña es la progresiva dependencia de ciertas organizaciones de recursos públicos donados o provenientes de convenios firmados con el gobierno, ya sea en el ámbito federal, estatal o municipal. La magnitud de dichos recursos ha aumentado a lo largo del actual gobierno. Sin embargo, dependiendo de la intensidad con que se manifieste la crisis, existe la posibilidad de que escaseen esos recursos, ya que talvez se utilicen en programas de salvaguardia del sistema de crédito y de la liquidez del sistema financiero.

En los países emergentes, como Brasil, y en Latinoamérica en general, una parte considerable de los recursos disponibles para proyectos sociales está vinculada al concepto de responsabilidad social corporativa. Las empresas elaboran presupuestos anuales, en los cuales estipulan la cantidad de recursos que asignarán a la filantropía. O sea: las empresas que sufrieron grandes pérdidas con derivados, con la devaluación del tipo de cambio, o cuyo resultado operativo se vio afectado, obviamente reducirán los presupuestos asignados al área social. Lo mismo ocurrirá en el caso de una recesión, que consecuentemente conducirá a menos recursos privados disponibles para las acciones sociales.

Las empresas que utilizan programas de acción social como una medida improvisada de comunicación de la marca son las primeras que reducen los gastos en dichos programas o que los suspenden. La crisis también está afectando la actitud de las empresas en lo tocante a responsabilidad social corporativa y sostenibilidad. La madera certificada, por ejemplo, está perdiendo mercado, ya que los consumidores están tomando sus decisiones de compra con base en el mejor precio, en vez de considerar el origen de la madera como criterio de selección. La reducción del plantel de empleados también se está llevando a cabo sin ninguna preocupación por el cumplimiento del compromiso de la política de responsabilidad social corporativa.

Por lo tanto, debemos reflexionar sobre las formas como esta posible reducción general de recursos está afectando a las organizaciones. Pienso que la situación actual creará una oportunidad excepcional para que las sociedades latinoamericanas empiecen a separar la paja del trigo en el campo de la filantropía. En el caso de que haya menos recursos, será necesaria la búsqueda de mayor competencia para que se utilicen con más eficiencia, eficacia y efectividad los recursos disponibles. Dicha actitud la deberán asumir tanto los grupos donantes o inversionistas sociales, como las organizaciones de la sociedad que dependen de esos recursos.

Datos difundidos a principios de 2006 por The United Nations Volunteers (UNV), también en colaboración con The Johns Hopkins Center for Civil Society Studies, muestran un crecimiento de un 71% del sector sin fines de lucro en Brasil, en siete años (de 1995 a 2002), pasando de 190 mil para 326 mil organizaciones. No tengo ninguna duda de que ahora muchas de estas organizaciones corren el riesgo de desaparecer. Esto puede provocar un proceso de fusión o de colaboración entre las organizaciones para que dejen de competir por recursos y empiecen a actuar con sinergia, buscando generar economías de escala para sus operaciones. Ello representaría una mayor preocupación por la planificación programática y también financiera, así como por la gestión de los recursos disponibles, especialmente en lo que se refiere a su uso eficiente y eficaz, y una preocupación creciente por la supervisión y evaluación de las acciones ejecutadas. En este sentido, la actual crisis puede ayudar a las organizaciones a ser más profesionales en sus decisiones. Esto requiere una mejora de su gobernanza, de sus profesionales remunerados o voluntarios, de sus procesos administrativos y, también, de su transparencia al comunicar resultados a los diferentes grupos de interés afectados por la organización.

Sin embargo, no debemos esperar cambios tan sólo en las ONGs. El donante, obviamente, se volverá más selectivo y demandará mejores resultados. Con menos recursos, exigirá que los proyectos que decida financiar tengan mejor calidad y mayor impacto. En este sentido, los inversionistas sociales deben buscar una mejor definición de su enfoque programático y de sus estrategias operativas para evitar la dispersión de sus recursos, pues esto reduciría considerablemente el impacto que pudieran tener.

Junto con este esfuerzo, que deberá ocurrir en el ámbito de cada organización, tendrá que haber un mayor énfasis en la actuación en red alrededor de una causa común, con miras a apalancar los recursos de los colaboradores y atraer otros inversionistas a dicha causa. Movimientos como "Todos por la Educación", que reúne a varias organizaciones para fortalecer una sola causa, adquirirán más importancia ya que será valorada cada vez más la eficiencia que se logra con ese tipo de actuación.

Por lo tanto, una mejor definición de enfoque requiere un mejor entendimiento de la planificación estratégica, principalmente en lo que se refiera a la definición de lo que representan las estrategias de actuación. Dichas estrategias deben ser el resultado de estudios analíticos que definan las mejores formas posibles de lograr objetivos y/o metas específicas, mediante la mejor utilización posible de los medios y recursos disponibles para obtener el máximo aprovechamiento dentro del contexto en donde pretende actuar el inversionista. Instrumentos de supervisión, control y evaluación deben ser funciones gerenciales valoradas, que deben garantizar actividades y procesos eficientes y eficaces para el logro de los objetivos de la organización.

Las organizaciones sociales y los inversionistas sociales que creen que la presente crisis se circunscribe tan sólo al sector financiero y, consecuentemente, no afecta su cotidiano pueden ser sus primeras víctimas. Las organizaciones que se den cuenta de que son vulnerables a la crisis pueden aprovechar este momento como una oportunidad para rever sus procesos y prácticas. Puede ser el momento adecuado para que se fortalezcan y se preparen mejor para reanudar su crecimiento cuando esta crisis sea parte del pasado.

Marcos Kisil

PRESENTACIÓN

El **Foro de Liderazgo: El Futuro de la Inversión Social Privada en Latinoamérica** tuvo lugar en São Paulo, del 23 al 25 de septiembre de 2007. El evento fue una iniciativa de IDIS y Charities Aid Foundation (CAF), y sus correalizadores fueron Cemefi (Centro Mexicano para la Filantropía), GIFE (Grupo de Institutos, Fundações e Empresas do Brasil) y GDFE (Grupo de Fundaciones y Empresas de Argentina).

El concepto utilizado durante el Foro fue el mismo que ha adoptado IDIS:

La inversión social privada es la asignación voluntaria y estratégica de recursos privados – ya sean financieros, en especie, humanos, técnicos o gerenciales – para el beneficio público.

Dicho universo incluye las acciones sociales protagonizadas por empresas, fundaciones e institutos de origen empresarial o fundados por familias o individuos. Para tener un impacto relevante y promover la transformación de la sociedad, esa inversión depende de investigación específica sobre el área, planificación creativa, estrategias predefinidas, ejecución cuidadosa y supervisión de los resultados.

El Foro de Líderes ofreció una plataforma dinámica para el debate e intercambio de ideas y experiencias. Contó con la participación de líderes con amplia experiencia y vastos conocimientos sobre la inversión social privada, que vinieron de más de 12 países de Latinoamérica, Europa, Australia y Estados Unidos, y que brindaron una rica y valiosa contribución a las discusiones sobre el contexto global y regional de dicho tipo de inversión. El presente documento representa un esfuerzo para ofrecerle al público la riqueza de este debate.

INTRODUCCIÓN

PERFIL DEL INVERSIONISTA SOCIAL EN LATINOAMÉRICA: CARACTERÍSTICAS REGIONALES, INFLUENCIAS GLOBALES

La experiencia de IDIS puede contribuir al debate sobre la inversión social privada. Desde su fundación en 1999, más de 100 clientes de Brasil y Latinoamérica han recibido orientación de nuestro Instituto. Calculamos que las donaciones de dichos inversionistas sociales sean actualmente del orden de R$500 millones al año.

En 10 años de experiencia acumulada, la inversión social sigue siendo una gran novedad en Latinoamérica. Aún vemos acciones de caridad y asistencialismo que tratan de corregir sólo los efectos, pero no las causas, de los problemas sociales. Al observar el panorama de la inversión social desde nuestra experiencia, detectamos algunos desafíos importantes para el futuro del sector:

1. Falta de transparencia, supervisión y evaluación de los resultados de la inversión: muchos donantes no conocen el destino de sus donaciones ni los resultados que se pretenden alcanzar. Incluso cuando donantes empresariales o familiares crean una organización o estructura para sus donaciones, comúnmente no operan con el profesionalismo necesario. Muchos donantes no tienen una noción del impacto que pudieran tener sus inversiones;

2. Falta de tradición familiar: muchas familias no consideran que la filantropía sea un legado o herencia que se deba transmitir a las futuras generaciones. De esta forma, las buenas acciones de una generación se pierden en la siguiente;

3. Falta de conocimiento por parte de los líderes comunitarios del potencial de la filantropía local: no saben como fluye el proceso de dar y recibir en la propia comunidad;

4. Falta de enfoque: el donante no tiene claro cual debería ser el enfoque de su inversión y hace donaciones pulverizadas sin ningún control;

5. Falta de compromiso con la transformación de la realidad: las donaciones se dan como un mero proceso contable y financiero. La relación del donante con la organización/comunidad termina en el momento de la transferencia de los recursos.

Los datos recolectados sobre el filántropo/inversionista social que actúa en su propia comunidad revelan una serie de informaciones que aún son poco conocidas en la sociedad latinoamericana. A pesar de la larga historia de la filantropía latinoamericana, sus propósitos y prácticas no son suficientemente conocidos. En este sentido, aún es necesario utilizar informaciones y conocimientos generados fuera de la región para caracterizar nuestros donantes.

Así, encontramos una interesante tipología, elaborada por Prince y File para la sociedad americana, que permite caracterizar a los diferentes donantes. Se trata de las *Siete Caras de la Filantropía*[4], una forma estereotipada de clasificar a los donantes con base en su comportamiento: el devoto, el comunitario, el agradecido, el heredero de una dinastía, la persona de sociedad, el altruista y el inversionista social. Aunque dichos modelos de filántropos sirvan para describir la realidad norteamericana, la experiencia de IDIS muestra que estos tipos de donantes se encuentran fácilmente en todas las sociedades latinoamericanas.

El primer arquetipo es el devoto, dada su frecuencia en las comunidades. Representa a los que valoran la vida religiosa en sus vidas. La fe lo hace distribuir los bienes que posee. Reconoce la naturaleza caritativa de sus donaciones y hace filantropía por medio de instituciones religiosas. Entiende la donación como *diezmo* que se debe pagar regularmente. En general, participa en la vida de su parroquia, pero no se preocupa necesariamente por

---

4. PRINCE, Rus Alan & FILE, Karen Maru. *The seven faces of phlilanthropy: a new approach to cultivating major donors.*

el destino de los recursos. Este modelo, que se inició en el período colonial y se extiende hasta los días de hoy, ha dado origen a las entidades caritativas en los campos de la salud (hospitales religiosos), educación (escuelas primarias y secundarias) y acciones de promoción social (asilos, albergues, guarderías). Recientemente, en las nuevas denominaciones pentecostales, el devoto se ha transformado en un importante instrumento para la construcción de las estructuras de medios de comunicación de esas religiones, erigidas con el objetivo de actuar en el seno de la sociedad.

El segundo arquetipo es el comunitario. En este modelo el donante cree que desempeña un papel importante en la mejoría de su comunidad. Busca satisfacer las necesidades inmediatas y tiene una cierta dificultad para distinguir causas y efectos. Piensa que su solidaridad la pueden reconocer fácilmente los ciudadanos de su comunidad, lo que fortalece su imagen y, eventualmente, es bueno para su inserción social, política o meramente comercial. A menudo, estos donantes son también receptores de sus propios recursos, pues tienden a apoyar organizaciones sociales a las cuales están vinculados. Suelen actuar dentro de un sistema cerrado y de poca transparencia. No utilizan ninguna estrategia para la realización de donaciones.

El tercer arquetipo es el agradecido. Sus donaciones constituyen una devolución, o sea, como recibió beneficios de alguna entidad, retribuye por medio de una donación. Hay donantes que recibieron el amparo de una organización, ya sea de carácter laico o religioso, en momentos difíciles de sus vidas y, después de haber logrado superarlos, sienten que tienen una deuda personal que deben pagar mediante una donación.

El cuarto arquetipo es el heredero de una dinastía. Aunque haya una cierta dificultad en entender cómo se da la transmisión del compromiso de la filantropía de una generación a otra, hay personas que creen en una tradición familiar que transmite también su acción filantrópica junto con la herencia. Es común ver a familias que administran organizaciones de la sociedad civil de prestación de servicios apoyando diferentes causas y públicos, ya sea de niños, ancianos, portadores de discapacidades etc. De esta forma, dicha organización pasa a ser una entidad que la familia tiene el compromtimiento de apoyar. Pasa de generación en generación, y el heredero sigue manteniendo aquella organización por medio de donaciones.

El quinto arquetipo es la persona de sociedad. Es el individuo al que le parece interesante promover eventos de beneficencia que son verdaderas fiestas. Hace donaciones porque le parece placentero. Entonces, al mismo tiempo que recauda fondos también se divierte. Normalmente son personas que trabajan con círculos sociales exclusivos, entre amigos, y la fiesta es importante porque es una forma de movilizar recursos que se canalizarán a causas sociales importantes. Este tipo de donante no trabaja en el cotidiano de la organización que recibe el apoyo, sino que se dedica exclusivamente a la recaudación de fondos.

El sexto arquetipo es el altruista. Se siente bien al hacer el bien. El donante altruista cree y se involucra en la causa que está apoyando. Normalmente es modesto y prefiere permanecer anónimo. Hace donaciones por que cree que tiene una obligación moral, un valor interno que necesita manifestar. Este tipo de donante no participa activamente en las organizaciones que apoya, pues la mayoría de las veces está más preocupado por las causas sociales: medioambiente, niños etc., que por las organizaciones que patrocina.

El último arquetipo es el inversionista social. IDIS cree que este individuo es el mejor tipo de donante y quisiera verlo multiplicarse en los próximos años, ya que, para el instituto, hacer el bien es de hecho un buen negocio. Son personas que ya tienen experiencia en la gestión de sus negocios y que, como gestores, miran la causa social preocupados por su impacto. Ven a la inversión social como un proyecto y, con sus recursos, realmente quieren innovar y transformar la sociedad. Desempeñan el papel de donante activo, calibrando sus donaciones en función del grado de participación que puedan tener para inspirar, participar y supervisar su inversión. Tienen una preocupación por la planificación estratégica, la gestión, la evaluación de los resultados y el profesionalismo de sus acciones; por ello, se cercan de personas que entienden sobre el asunto.

No actúan solos, sino buscan alianzas. Aprendieron a trabajar en un negocio con proveedores, clientes y asociaciones de clase, y vienen con la idea de montar una red que le dé sostenibilidad al proyecto. Para ellos, la sostenibilidad del proceso no está en los recursos que proporcionan, sino en la capacidad de hacer que más donantes se interesen en el proyecto y creen las condiciones ideales para que el mismo siga funcionando aún después de agotarse la donación inicial. El perfil de estos inversionistas llama la atención: son personas jóvenes, públicas y dueñas de un currículum que incluye el trabajo voluntario y la filantropía. Son personas como Sergei Brin, Larry Page y Bill Gates.

Según la revista Forbes, hay 946 personas con más de mil millones de dólares en el mundo, dueñas de 3,5 mil millones de dólares en activos consolidados. Lo sorprendente, sin embargo, es que, de la lista Forbes de las cien personas más ricas del mundo, 33 son de países fuera del eje EE.UU.-Europa Occidental y 17 de ellos tienen menos que 50 años de edad. Hoy en día, de estas 33 personas que tienen más de mil millones de dólares, 14 están en Rusia, 7 en India, 7 en el Medio Oriente, 3 en Hong-Kong y 1 en Latinoamérica.

Es en este contexto en el que surge el concepto de filantropía 4.0, creado por la rusa Olga Alexeeva, directora de CAF Global Trustees. Ella propone un entendimiento de la evolución de la filantropía similar al entendimiento de la evolución de programas de software, que progresivamente presentan nuevas versiones. La filantropía 4.0 es una evolución de la filantropía tradicional. Así, la *Filantropía 1.0* es la tradicional, que se inició con W. K. Kellogg y John D. Rockefeller, a principios del siglo XX. Su principal objetivo era construir bibliotecas y hospitales, además de patrocinar programas para la creación de la infraestrutura que no existía en el país. Después vino la *Filantropía 2.0*, cuando dichas fundaciones crearon fondos patrimoniales importantes y programas de financiamiento no sólo en los Estados Unidos, sino también en diversas partes del mundo, para apoyar financieramente el cambio social mundial. Posteriormente, llegó la *Filantropía 3.0*, que se caracterizó por nuevas ideas y por la mayor participación de donantes y fundaciones en los proyectos apoyados.

Por su parte, la *Filantropía 4.0* se caracteriza por tener un alcance y una cara global. Está presente en países en desarrollo de Asia, Europa Oriental y Sudamérica, que siempre habían sido vistos como países receptores de dinero. En este nuevo modelo, emprendedores y filántropos locales trabajan juntos, uniendo resultados e ideas para lograr una transformación social. Por ello, se trata de una filantropía más sostenible no sólo financieramente, ya que el sector social pasa a depender menos de contribuciones internacionales, sino también en el sentido de ser más conciente de la cultura local, de su identidad y del pasado del país. No se trata más de simplemente copiar procedimientos del Occidente, sino de tomar en cuenta la cultura local y respetarla.

En esta nueva filantropía, los nuevos donantes no entienden su acción como caridad, sino como una inversión social. Se orientan por los resultados, les gusta tener una participación activa en sus donaciones y, en general, quieren aplicar sus habilidades en los negocios a la filantropía. Nuevos donantes en Rusia, China, India y Brasil, además, claro está, de los que están en los Estados Unidos y Europa, se encuadran en esta definición.

Estos nuevos inversionistas generalmente prefieren concebir e implementar sus propias ideas y fundar instituciones en vida, lo que perpetúan sus nombres, en vez de hacer donaciones a otras fundaciones. Generalmente son más jóvenes que los filántropos tradicionales, que realizaron sus primeras inversiones sociales a los 60 ó 70 años de edad. Hoy en día, estos inversionistas tienen aproximadamente de 35 a 45 años. En Rusia, según Olga Alexeeva, un 80% de los milmillonarios tiene menos de 45 años. En China, más del 50% tiene menos de 45 años de edad. ¡Y vale la pena recordar que Bill Gates acumuló sus primeros mil millones de dólares a los 31 años de edad!

Esta nueva filantropía es más joven y está menos relacionada a planes de jubilación y herencia. Si consideramos la ausencia de incentivos fiscales en la mayoría de los nuevos países filantrópicos – como en el caso de Latinoamérica, Rusia y China –, vemos que el crecimiento de la nueva filantropía no está directamente estimulado por beneficios legales o fiscales.

Un importante punto de discusión son las fundaciones. Esta tradición, común en los Estados Unidos, de crear fundaciones con fondos patrimoniales no la encontramos en Brasil ni, aparentemente, en el resto de Latinoamérica, Rusia o China. La mayoría de las fundaciones latinoamericanas son más operativas que donadoras. Eso quiere decir que aplican parte de sus recursos a la ejecución de sus propios programas y proyectos sociales, más que en donaciones a terceros. Además, los administradores de riquezas, los profesionales de la inversión, no están preparados para desarrollar la acción social de la inversión, pues sólo piensan en la rentabilidad posible del dinero y no en los beneficios de su aplicación en el ámbito social. No existe la figura del *wealth management* que incorpore la idea de lo social o de lo socioambiental.

Esta es la realidad en la que encontramos las oportunidades y los desafíos que IDIS cree que pueden y deben superarse. Esta es la realidad que queremos construir para la inversión social, para que sea un elemento importante del desarrollo sostenible de nuestras sociedades. Y esta es la realidad que buscamos para que la inversión social sea justa, innovadora, estratégica y transformadora de esta misma realidad.

Los milmillonarios, cuando son donantes, se pueden encuadrar en una tipología basada en motivaciones. Encontramos normalmente tres grandes motivaciones. La primera es la convicción. Aquí tenemos al individuo que, por sus valores, por creer que es posible cambiar el mundo, que su dinero puede dar una contribución importante, toma la decisión de hacer una donación. Desafortunadamente, el grupo de personas con dicho perfil aún es pequeño en el presente escenario global.

El segundo grupo es el que hace donaciones por conveniencia, porque es importante para él, porque adquiere un tipo de prestigio para su negocio o para si mismo. No está motivado por los resultados que pueda obtener la donación, sino por la inserción social que logra en su espacio de convivencia social. Este tipo de donante también se aprovecha del asunto del momento, detecta lo que está a la moda e invierte en ese tema.

El último grupo está formado por individuos que sufren coerción, no actúan por voluntad propia, sino coaccionados por alguna circunstancia; ya sea una presión del contexto, de los clientes, de los competidores, de los empleados, de la comunidad y la sociedad o de sus amigos. El donante tiene que ceder a una fuerza externa.

Independientemente de la causa que desencadene la pretensión de realizar una Inversión Social, nuestro grande desafío es transformar cualquier motivación en un compromiso permanente. La convicción, la coerción o la conveniencia sólo representan un punto de partida. Es importante porque podemos, eventualmente, implementar diferentes estrategias para ayudar a distintos grupos. Sin embargo, lo que imaginamos es que todos pueden llegar a asumir un compromiso continuo con la transformación social.

PANORAMAS DE LA INVERSIÓN SOCIAL

CONTEXTO GLOBAL: UN ESCENARIO DE CAMBIOS

La inversión social privada en países industrializados, tal como en el caso de los Estados Unidos, Australia y Reino Unido, se encuentra en plena fase de expansión y transformación. El inversionista social de hoy presenta un nuevo perfil: muestra poco interés en la tradicional donación de recursos y le da prioridad a las iniciativas que posibiliten su compromiso social y que valoren los resultados. En este momento de transición e innovación, es posible identificar algunas tendencias y desafíos globales.

Descuella como tendencia global el surgimiento de nuevos modelos de inversión social, muchos de ellos híbridos en el sentido de que combinan abordajes del sector social y prácticas del sector privado. Ejemplos de estos modelos son la capacidad emprendedora social y la filantropía de riesgo. Consecuentemente, la distinción entre sector privado y tercer sector se vuelve cada vez más tenue. Hoy en día, se busca atribuir importancia no sólo al retorno social, sino también al retorno económico de la inversión social privada. Esto representa un gran cambio, tanto para los inversionistas sociales, que tienen por tradición buscar un retorno social, como para el sector privado, que tiene por tradición buscar tan sólo el retorno financiero.

Esta tendencia conlleva un desafío que debemos superar. Se trata de la necesidad de definir lo que pertenece al campo de la inversión social. Ninguno de los países mencionados anteriormente tiene una sola y clara definición de lo que es la inversión social, que englobe todos sus componentes y modelos. Hay que definir cómo cada uno de los modelos de donaciones, desde los más tradicionales de filantropía pura hasta los más innovadores de inversión social, será entendido y cual será el rol que desempeñará cada uno de ellos en el área del desarrollo social.

Otra tendencia global es la expectativa de alcanzar resultados de gran escala y a corto plazo. Muchos inversionistas sociales actuales construyeron su propia fortuna de forma dinámica y osada, y quieren ver esta misma agilidad y coraje en sus inversiones sociales. En otras palabras, el escenario actual está compuesto por inversionistas sociales que tienen un espíritu emprendedor, que generaron su propia riqueza y que quieren ver los resultados de su inversión social aún en vida.

El contexto global actual pasa también por un momento de importante transferencia de riqueza entre generaciones, lo que genera la expectativa de un gran aumento de la inversión social privada. Muchas personas que hoy son ricas están llegando al fin de sus fases productivas de acumular riqueza y están entrando en los años de decidir cómo transferir o distribuir su riqueza. Esto ha generado muchas expectativas de que los grandes milmillonarios decidan, aún en vida, participar en proyectos de inversión social privada, canalizando al sector social una gran parte de esta riqueza.

Finalmente, este escenario de cambios e innovaciones ha contribuido a la mayor profesionalización, transparencia y eficiencia del tercer sector. Aumenta cada vez más la demanda por cursos de enseñanza superior, por la producción de conocimiento y por oportunidades de intercambio de experiencias entre diferentes países y regiones. Todo ello ha contribuido al desarrollo de un sector social diversificado, vibrante y dinámico.

✳

ESTADOS UNIDOS[5]

Rob Buchanan, Director de Programas Internacionales, Council on Foundations[6]

En los Estados Unidos, no hay una definición de inversión social privada que abarque todos sus componentes. Este concepto está principalmente relacionado a la filantropía estratégica, caracterizada por objetivos claros, un plan para alcanzar estos objetivos y un concepto amplio de transformación social que va más allá de los problemas sociales puntuales. Sin embargo, el término "inversión social privada" también se usa para referirse a las donaciones tradicionales hechas para fines sociales, muy diseminadas en los Estados Unidos, a la responsabilidad social empresarial y al abordaje comercial, esto es, modelos de negocios aplicados al sector sin fines de lucro.

Pese a la dificultad de encontrar una definición precisa de inversión social privada, que abarque todos sus aspectos, Blended Value7 ofrece una interesante. Según esta organización, la inversión social privada incluye inversiones que buscan un retorno financiero y social, y se pueden dividir en inversiones socialmente responsables, que están alineadas a los valores y al negocio de la empresa, y en otras formas de inversión cuyo principal objetivo es generar valor social y/o ambiental.

Para entender el papel de la inversión social privada en los Estados Unidos es importante recordar que en este país siempre hubo una clara distinción entre el sector privado y el sector sin fines de lucro, o sea, el tercer sector. Sin embargo, desde fines de la década de 80, esta distinción se ha turbado gradualmente por una serie de factores.

Uno de ellos es la dificultad de los programas gubernamentales de resolver problemas sociales. En las décadas del 60 y 70, el gobierno financió programas sociales bastante amplios, dirigidos a la atenuación de los problemas sociales que afectaban al país. Sin embargo, a fines de la década de 80,

---

5. Texto extraído de la transcripción del Foro de Liderazgo: el Futuro de la Inversión Social Privada en Latinoamérica

6. El Council of Foundations es una organización con sede en Washington, DC, en Estados Unidos, que tiene cerca de 2100 miembros de diferentes tipos, entre fundaciones familiares privadas, empresas, fundaciones relacionadas a empresas e fundaciones comunitarias.

7. A Blended Value é uma entidade norte-americana que analisa o sector comercial e o sector social sem fins lucrativos tentando criar definições < http://www.blendedvalue.org/>

se vio que dichos programas habían fracasado porque no habían atacado la causa raíz de los problemas.

A mediados de la década de 90 se aprobó la reforma de la previsión social, que condujo a la reformulación de las políticas de financiamiento para los estratos más pobres de la población y a la reducción del financiamiento público para programas sociales. Esta fue la señal de un cambio, un claro mensaje de que, ante la reducción de las inversiones sociales del gobierno, le compete al tercer sector asumir parte de este rol de contribuir a la transformación de la realidad social. Con ello, aumenta la responsabilidad y el papel del tercer sector de ocuparse con las cuestiones sociales y medioambientales del país. Aumenta también la profesionalización de este sector, ya que las organizaciones de la sociedad civil han tenido que desarrollar nuevas estrategias de sostenibilidad.

Simultáneamente, en las décadas de 80 y 90, se expande el movimiento de la responsabilidad social empresarial – RSE. Hay una nueva generación de presidentes de empresas que habían participado en los movimientos de agitación social de las décadas de 60 y 70 en los Estados Unidos y que se sienten presionados a trabajar con las cuestiones sociales. Al hacerlo, logran generar no sólo resultados sociales y/o medioambientales, sino también mejorar el desempeño financiero de sus empresas.

Finalmente, tenemos el gran éxito de las empresas de tecnología en la región de California, que produjo una acumulación de riqueza. Sin embargo, también provocó una diseminación del concepto de que los recursos privados, oriundos de actividades económicas, se pueden utilizar de formas bastante innovadoras para promover transformaciones sociales. Todos estos factores contribuyeron a que, hoy en día, la distinción entre sector privado y tercer sector sea menos clara.

Actualmente lo que establece la frontera entre estos dos mundos es la inversión social privada, a través de una serie de acciones que combinan modelos de negocios con modelos de intervención social. Así, tenemos hoy en los EE.UU. una distinción mucho menos clara entre sector privado y sector sin fines de lucro. Tanto la comunidad empresarial como las organizaciones sociales sienten la necesidad de seguir trabajando en esta área para alcanzar el éxito con su respectivo modelo.

La tendencia actual de invertir enormes montos de recursos privados en el sector social provoca un nuevo debate. En los EE.UU. se está dando una transferencia de miles y miles de millones dólares de la generación que nació justo después de la Segunda Guerra Mundial para sus hijos. Existe la expectativa de que gran parte de dichos recursos se invierta en iniciativas filantrópicas innovadoras, ya que en los Estados Unidos, al contrario de Latinoamérica, los inversionistas individuales y familiares sienten más atracción por los modelos experimentales y están más dispuestos a asumir riesgos. Hay una mayor aceptación del riesgo porque las inversiones se hacen con recursos de su propia riqueza y de su propio capital, y porque muchos tienen un espíritu emprendedor y quieren ver los resultados de esas inversiones aún en vida. Sin embargo, hay una creciente preocupación por maximizar el retorno sobre las inversiones sociales.

El aumento del volumen de recursos invertidos y la facilidad de la comunicación que ofrece Internet contribuirán a una mayor transparencia y rendición de cuentas en todo el tercer sector. Por ejemplo, la Internet y los blogueros pueden sencillamente difundir al público lo que no está funcionando. En este año, presenciamos un problema con la Fundación Bill & Melinda Gates, que realizaba grandes inversiones en áreas que iban en contra de las metas sociales de la Fundación. Y fue la Internet y algunos blogs que sacaron esto a la luz pública.

En fin, vivimos en una época muy interesante para el sector. La inversión social privada está en una fase de expansión y transición, y actualmente hay muchas innovaciones volcadas para el bien común.

REINO UNIDO Y EUROPA
Rusell Prior, director-ejecutivo de los programas corporativos,
Rede CAF Internacional

De la misma forma que en los EE.UU., en Europa también hay una dificultad de establecer una definición clara de inversión social. Sin embargo, la definición que mejor refleja el actual momento de la inversión social en Europa y el Reino Unido es la de *European Venture Philanthropy Asociation (EVPA)*, que define la inversión social como un modelo de private equity y capital de riesgo aplicado a sectores filantrópicos y sin fines de lucro. Por un lado, técnicas financieras, combinación de recursos, habilidades y prácticas. Por el otro, donantes que quieren maximizar el retorno social de sus inversiones. Esta definición conlleva nuevos elementos, como capital de riesgo, y diferentes modelos de financiamiento, porque en Europa, cada vez más, la inversión social se aleja de las formas tradicionales de la filantropía.

Europa es una comunidad formada por muchos países y con mucha diversidad. Existe una cierta tensión entre el modelo anglosajón, que es más empresarial e innovador, y el modelo de Europa continental, que es más cercano al formato tradicional de la filantropía. En el Reino Unido, se constata que la filantropía y la inversión social han crecido muchísimo desde principios de los años 90. Este país está a la vanguardia de la inversión social europea, y Londres, por ser un importante centro financiero, es el lugar en donde más se ha innovado.

Europa Oriental, por su lado, concentra una gran parte de los países que recientemente entraron a la comunidad europea y tiene un abordaje un poco menos desarrollado, pero está adoptando muy rápidamente los nuevos abordajes existentes. Por lo tanto, lo que el Reino Unido puede haberse tardado 15 años para alcanzar, estos países se tardarán mucho menos tiempo porque ya tienen una reglamentación fiscal adecuada para el desarrollo de la filantropía y de la inversión social. La creación de ambientes fiscales cada vez más favorables al incentivo de donaciones también ha contribuido al aumento de la inversión social en estos países. Simultáneamente, en la medida en que las formas de gobierno se vuelven más democráticas, se observa también en estos países un rápido crecimiento de organizaciones con propósito social.

En la Europa, los modelos de inversión social están polarizados entre los más tradicionales de filantropía y los modelos de inversión más comerciales y financieros. Entre estos dos extremos, hay sin número de modelos que se han creado, desde organizaciones que venden bienes y servicios para captar recursos, pasando por empresas con fines sociales que prestan servicios de naturaleza social, hasta fondos que pagan parte de sus utilidades a fundaciones sin fines de lucro, siempre y cuando las operaciones presenten buenos resultados.

Espectro de modelos de inversión social en el Reino Unido

Actualmente, los inversionistas sociales esperan que los proyectos ofrezcan transparencia y resultados a curto plazo. Este es un de los motivos por los cuales tantas iniciativas innovadoras han surgido. Esta búsqueda por resultados se ha dado porque muchos de estos inversionistas construyeron su fortuna de forma muy dinámica y quieren este mismo dinamismo en sus inversiones sociales.

Así como cambiaron las expectativas y posturas de los inversionistas individuales, la forma como realiza inversiones el gobierno en el sector social también ha cambiado. Lo que se observa es que el financiamiento público está condicionado a la prestación de servicios. De esta forma, el gobierno valora el rol desempeñado por el sector social, pero espera que opere de forma más comercial. Este cambio de postura del gobierno ha provocado en las organizaciones de la sociedad civil una presión por resultados.

El diagrama a continuación muestra el grado de correlación entre la participación de los donantes y el retorno deseado. La figura muestra tan sólo algunas de innúmeras organizaciones del Reino Unido que están operando en este campo. La tendencia es que todos los tipos de organizaciones se acerquen al centro, en la búsqueda de asignar el mismo grado de importancia al retorno social y al retorno financiero. Esto constituye un gran cambio, tanto para los fondos y fundaciones tradicionales, que históricamente han buscado el retorno social, como para los bancos, que históricamente han buscado el retorno financiero.

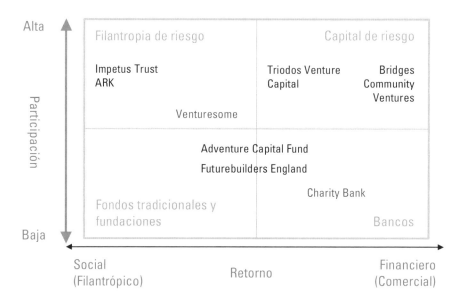

Venturesome, una iniciativa de CAF, se fundó hace cinco años como un fondo de alto riesgo para aprovechar las innovaciones en este mercado. La idea era encontrar un espacio entre la donación y el préstamo. No sería como un préstamo normal de un banco, pero tampoco sería una donación tradicional en la que no hay ninguna expectativa de retorno. Se buscaba asumir un mayor riesgo y, al mismo tiempo, obtener un retorno social de mayor importancia. Ese era el equilibrio que se buscaba.

Después de cinco años en operación, *Venturesome* ha celebrado cientos de convenios, tiene siete millones de libras esterlinas en abierto, en la forma de financiamiento, donación y préstamos. La expectativa de éxito es del 70% de los fondos ofrecidos. Esto es parte de la filosofía de la iniciativa, porque ningún banco aceptaría, bajo ninguna hipótesis, sufrir pérdidas del 30% del valor invertido. La experiencia ha mostrado que las tasas de retorno casi llegan al 90%. Las tasas de interés cobradas no se ajustan en función del riesgo del proyecto porque si así fuera, serían muy altas. Lo que se pretende es cobrar es una tasa de interés entre el 6% y el 8%, con base en las tasas disponibles en el Reino Unido.

Aunque *Venturesome* sea un fundo de siete millones de libras, este monto es relativamente pequeño ante la disponibilidad de recursos existentes para estos fines. Sin embargo, el acceso a estos recursos no es fácil. Entonces, ¿este modelo se puede aplicar a economías y mercados emergentes? Dentro del contexto y ante las tendencias de la inversión social en Europa, algunos factores podrán influenciar el futuro de la inversión social en Latinoamérica. La globalización está provocando un cambio constante en la forma como el sector empresarial asume su rol de apoyo a las causas sociales. La combinación de la riqueza de fundaciones familiares, individuos y empresas parece estar disponible para apoyar el sector.

El papel asumido por los mercados de capital puede ser muy importante para el futuro de la inversión social porque las empresas poseen conocimiento, experiencia y habilidades en abundancia. Hay muchos modelos de financiamiento del sector social que están surgiendo del mercado de capitales, y esta pericia es muy importante para la creación de estos modelos experimentales.

Finalmente, para aprovechar estas oportunidades, el sector tiene que profesionalizarse aún más, y las organizaciones tienen que estar más dispuestas a asumir riesgos, a innovar y a experimentar nuevas formas de financiamiento. Si no están preparadas para ello, los proveedores de capital no tendrán donde invertir.

AUSTRALIA Y ASIA PACÍFICO

Michael Liffman, Director, Centro de Filantropía e Inversión Social de Asia Pacífico, Swinburne University

Es muy difícil esbozar el contexto actual de la filantropía e inversión social de la región de Asia Pacífico por la diversidad histórica y cultural de la región. En algunos países, los recursos provenientes de fondos internacionales para desastres naturales y el envío de recursos de expatriados a la región hacen que la filantropía en estos países sea muy diferente a la practicada en el occidente.

Australia, específicamente, vive un momento de transición porque, a pesar de tener una fuerte herencia cultural e institucional británica en lo que se refiere a los modelos de filantropía e inversión social, está adoptando prácticas y modelos que se asemejan a los adoptados en los Estados Unidos. Esto sucede en función de la transferencia de riqueza entre generaciones, un fenómeno que afecta tanto al contexto actual de la filantropía y de la inversión social de los Estados Unidos como al de Australia.

La región de la Asia Pacífico presenta una cierta contradicción en las prácticas de la filantropía e inversión social. Por una parte, la región exporta modelos y tendencias, tal como el *Club del 1%,* en el cual la Federación de las Industrias de Corea congrega empresas que destinan uno por ciento de su facturación bruta a la inversión social, y el *Philippines Business For Social Progress*, que promueve la inversión social en las empresas. Por otra parte, sin embargo, hay una falta de infraestructura para el desarrollo de la filantropía e inversión social. En muchos países, los medios de comunicación tienen poca conciencia sobre la importancia de estos temas, no existe un marco legal y tributario que favorezca el desarrollo de la filantropía e inversión social, y faltan experiencias y conocimiento sobre movilización de recursos y gestión del sector social. Además, son raras las experiencias de alianzas intersectoriales y colaboraciones entre el gobierno y las organizaciones de la sociedad civil.

La inversión social se ha visto como una forma de atenuar tanto los excesos y las desigualdades del capitalismo como el fracaso del socialismo. Las acciones en este campo han ido desde las más tradicionales formas de caridad hasta acciones para la formación de capital de riesgo a favor del desarrollo social. Las diferencias entre inversión social y filantropía, con las debidas distinciones entre asistencialismo, filantropía e inversión social, son muy importantes. Sin embargo, hay pocas organizaciones en la región que han discutido el tema. *Social Venture Australia* es una de estas organizaciones que está evolucionando mediante la transición de un abordaje filantrópico más tradicional hacia la adopción y promoción de modelos más complejos de inversión social.

En estas discusiones, también es necesario definir cómo se dará la evolución de un modelo más tradicional de filantropía hacia modelos más modernos, a la luz de lo que se observa en el continente europeo, especialmente en el Reino Unido. El objetivo principal de la inversión social no es apoyar intenciones sino obtener resultados. De esta forma, la inversión social se puede definir como la utilización de recursos privados, ya sea de empresas, familias o instituciones, para lograr resultados que concreticen las intenciones. En otras palabras, se trata de apoyar la obtención de dividendos sociales.

Hay dos grandes desafíos que debe vencer la región de Asia Pacífico para desarrollar la inversión social. El primero es la falta de oportunidades de capacitación profesional en estas áreas de actuación en la enseñanza universitaria, al contrario de lo que ocurre en los Estados Unidos, en donde hay una serie de escuelas que ofrecen capacitación en estas áreas. A semejanza del mundo corporativo, el mundo de la inversión social también busca obtener un retorno, pero con la distinción de que, en último instancia, lo que se busca es el retorno social, pues habrá una transformación de la realidad social. La obtención de este retorno es muy compleja. Mientras que los ejecutivos del mundo corporativo reciben una capacitación específica para el desempeño de sus funciones, no ocurre lo mismo con los profesionales que actúan en el sector sin fines de lucro. La filantropía y la inversión social son asignaturas que deberían constar, obligatoriamente, en los cursos de administración. Una mejor capacitación de los profesionales del sector contribuiría a la profesionalización del mismo.

El segundo desafío que se debe superar también se aplica al contexto norteamericano y europeo. Entre los modelos tradicionales de filantropía y los modelos más modernos hay una serie de modelos intermediarios. De todos ellos, hay que definir cuál es el que realmente se aplica a la inversión social porque una cantidad cada vez mayor de empresas actuará en el sector social por diferentes motivaciones, ya sea por nuevas oportunidades, la privatización, la subcontratación del sector privado para prestar servicios del sector público o por otros motivos.

En Australia, siempre hubo casas de ancianos administradas por el sector privado, médicos y otros profesionales que prestan servicios con finalidad social, pero lo hacen con fines de lucro. Por ello, hay que rever si la definición de inversión social sólo se aplica a las organizaciones de la sociedad civil que ocupan funciones tradicionalmente desempeñadas por el tercer sector, excepto las empresas con fines de lucro que prestan servicios y desarrollan productos con finalidad social.

Finalmente, hay que alterar el paradigma de que el trabajo desarrollado por el tercer sector es positivo y que el trabajo desarrollado por el sector con fines de lucro es negativo. Hay un caso que ilustra bien la necesidad de modificar este paradigma. Hace algunos años, un dirigente de una organización sin fines de lucro tuvo la oportunidad de hacer una presentación sobre el tercer sector para un gran emprendedor y empresario australiano. En esa ocasión, el dirigente habló de la importancia del tercer sector. El empresario, a su vez, escuchó de forma cordial, pero al final de la presentación agradeció diciendo que no había entendido nada. El empresario dio dos razones de su falta de entendimiento. En primer lugar, el ponente hablaba de un sector del cual entendía poco el empresario, ya que éste opera sus empresas bajo la lógica de la rentabilidad. Para él, es difícil entender cómo las organizaciones pueden sobrevivir sin generar utilidades. El tercer sector busca y debe obtener ganancias. Sin embargo, las ganancias se invierten de forma diferente y garantizan la sostenibilidad de las organizaciones. Por lo tanto, decir que la organización es sin fines de lucro puede ser engañoso.

En seguida, el empresario dijo: "Después de sus comentarios, lo que entiendo es que ¡todo lo que realizo en mi complejo industrial para promover la mejoría de las condiciones de vida de la sociedad (generar miles de empleos e impulsar la economía) es poco virtuoso!" No le gustó dicha percepción, ya que la generación de empleos y la actividad económica de por si pueden generar desarrollo social. Además, hay muchas empresas que realizan inversión social de forma innovadora, pensando en la reciprocidad, utilizando indicadores de desempeño y buscando promover realmente transformaciones sociales.

Para todos los modelos de filantropía e inversión social, desde los más tradicionales hasta los más modernos, hay que determinar cual será el entendimiento que habrá de cada uno de ellos y cual, el papel desempeñado por cada uno en el campo del desarrollo social.

CONTEXTO REGIONAL: AVANCES PARA LA TRANSFORMACIÓN SOCIAL

En los últimos 20 años Latinoamérica ha pasado por un período de gran redefinición conceptual, principalmente en lo tocante al concepto de ciudadanía y de lo que es la esfera pública no gubernamental. Ahora, hay un nuevo entendimiento de los roles que desempeñan el Estado, el mercado y la sociedad civil. En varios países, se ha observado la consolidación de la democracia y, consecuentemente, el rápido surgimiento y desarrollo de la sociedad civil organizada.

Este nuevo escenario ha contribuido al fortalecimiento de la inversión social privada en la región, tanto en términos de una concientización sobre el rol que desempeña el inversionista social, como en términos del volumen de recursos invertidos. Dicho escenario también ha contribuido a la profesionalización del tercer sector, principalmente en lo que se refiere a la capacitación de líderes y a las prácticas de gestión.

A pesar de los grandes avances de los últimos 10 años, esta nueva era de la inversión social privada en Latinoamérica aún enfrenta muchos desafíos. Al contrario de lo que ocurre en los EE.UU., lo que prevalece en la región es la inversión social corporativa, ya que muchas familias de alto poder adquisitivo optan por realizar su filantropía a través de sus empresas, en vez de organizar una fundación familiar. Aunque las experiencias de inversión social corporativa sean numerosas y positivas, esfuerzos aún son necesarios para promover también modelos de inversión social familiar y comunitaria. Dicha diversidad de modelos es una condición necesaria para el desarrollo de un sano y robusto campo de inversión social privada en la región.

En Latinoamérica todavía persiste una cultura de asistencialismo en el área de la inversión social, lo que dificulta el desarrollo de una visión estratégica dirigida a actuar sobre la causa raíz de los problemas y a obtener resultados sostenibles a largo plazo. El abordaje asistencialista también dificulta la implementación de intervenciones de gran escala con potencial de alcanzar impactos mayores.

Otro gran desafío es comunicar a la sociedad y al gobierno los resultados logrados. El contexto actual de la inversión social en Latinoamérica se beneficiaría mucho de una mayor producción de conocimiento basado en la experiencia acumulada en los últimos 10 años y de una buena estrategia de comunicación para difundirlo. Por otro lado, existe en la sociedad una desconfianza hacia la inversión social privada, y gran parte de dicha desconfianza se debe a la falta de conocimiento. Por ejemplo, hay la errónea noción de que los institutos empresariales solamente existen para que las empresas se beneficien de los incentivos fiscales. Sin embargo, los estudios muestran que es exactamente lo contrario. El volumen de la inversión social aumenta con la creación de un instituto empresarial y supera el monto proveniente de incentivos fiscales.

En algunos países, la sociedad también desconfía de la reputación y seriedad de las organizaciones del tercer sector. Por lo tanto, hay que diseminar las buenas prácticas, difundir los éxitos alcanzados y valorar el aporte de las empresas, familias y comunidades al desarrollo social. La inversión social privada no se da en el vacío, o sea, surge en un contexto en donde hay otros actores de igual influencia y relevancia. Por eso, es muy importante estar atento a su rol dentro de la relación con el gobierno y la sociedad civil.

Finalmente, esta nueva era de la inversión social privada en el continente latinoamericano es consecuencia de cambios en la forma como conduce sus negocios el sector privado, en la concepción existente del Estado y en el papel de la sociedad civil. Esto exige del inversionista social nuevas actitudes, como correr riesgos e innovar. Cabe a las organizaciones del tercer sector aprovechar esta oportunidad de transformación para fortalecer y profesionalizar su trabajo. Así, cuando el inversionista social se encuentre listo para invertir, no tendrá dificultades para encontrar organizaciones ejecutoras. Por otra parte, cabe a los gobiernos reconocer y apoyar al inversionista social por medio de políticas fiscales y otras medidas que estimulen el aumento de las donaciones. Y, para darle escala a los resultados alcanzados y garantizar la sostenibilidad de los mismos, es fundamental que los tres sectores trabajen en conjunto, adoptando prácticas de colaboración intersectorial para el desarrollo social.

✲

MÉXICO
Jorge Villallobos,
Presidente Ejecutivo, CEMEFI (Centro Mexicano para la Filantropía)

En los últimos veinte años, Latinoamérica ha pasado por una gran redefinición conceptual, en lo tocante a los conceptos de democracia y ciudadanía. Hay un nuevo entendimiento del papel que desempeñan el estado, la sociedad civil y el sector privado en la sociedad.

Además de presenciar este avance conceptual, la región también ha experimentado un sorprendente crecimiento económico. Tres países latinoamericanos – Brasil, México y Argentina – se encuentran hoy entre las 20 mayores economías del mundo. Sin embargo, a pesar de estos logros, cerca de la mitad de la población del continente vive en situación de pobreza, por lo que aún permanece el desafío de revertir esa tendencia. Ésta es la gran paradoja de la región: crecimiento económico pero inequitativa distribución.

En América Latina no hay una tradición filantrópica. Según el estudio comparativo sobre el tercer sector, realizado por el Dr. Lester Salamon, de la Universidad Johns Hopkins (1998), en los 34 países estudiados, las donaciones representan en promedio, un 0,38% del PIB. En cambio, el promedio latinoamericano es de solo un 0,23%. También hay diferencia en relación a las fuentes de financiamiento. Existen tres fuentes principales: a) el gobierno, que hace sus aportes de recursos por medio de exenciones fiscales o transferencias directas; b) la filantropía privada y empresarial, y, c) las cuotas o pagos por productos o servicios que realizan directamente los ciudadanos. En promedio, los recursos que provienen del gobierno representan un 34% del total; la filantropía privada representa un 12% y, por último, las cuotas y servicios, un 54%. En cambio, en América Latina, las aportaciones del gobierno representan un 15%, las de la filantropía un 10% y las cuotas y servicios un 75%. La conclusión es que la mayor parte de los recursos viene de las aportaciones de los ciudadanos y que sigue siendo muy baja la aportación de los gobiernos y de la filantropía, por lo que es necesario estimularlos por todos los medios posibles.

INVERSIÓN SOCIAL PRIVADA
(DE VOLUNTARIOS Y DONACIONES) EN TÉRMINOS DEL PIB

País	Donaciones (fundaciones, empresas, individuos)	Programas de voluntarios	Total
Reino Unido	0.620%	1.96%	2.57%
Estados Unidos	1.01 %	1.48%	2.47%
España	0.87 %	1.25%	2.10%
Argentina	0.38 %	1.03%	1.41%
Colombia	0.32 %	0.28%	0.60%
Perú	0.26 %	0.06%	0.33%
Brasil	0.17 %	0.10%	0.27%
México	0.040%	0.08%	0.12%
Promedio de los 34 países	0.388%	1.12%	1.50%
Promedio LA	0.23	0.31	0.54

Fuente: Johns Hopkins University, Proyecto Comparativo del Tercer Sector 1998

En resumen, existe una real necesidad de aumentar las contribuciones filantrópicas en la región y de aprovechar mejor el potencial que tiene la inversión social privada de aportar a la transformación social.

En México, pocas encuestas ofrecen datos sobre la inversión social privada, y la información del gobierno es todavía escasa y poco precisa. Aun así, podemos afirmar que ha aumentado la cantidad de entidades donantes, principalmente las fundaciones y los programas empresariales.

Hasta hace 10 años, no había grandes fundaciones en México, entendidas estas como entidades con grandes patrimonios cuyos intereses o utilidades, se destinan a apoyar causas sociales que impulsan organizaciones operativas.

La mayor fundación, hasta hace dos décadas, era la Fundación Mary Street Jenkins, impulsada por un americano residente en México. Hoy en día, esta fundación es la séptima mayor del país. En los últimos años han surgido otras grandes fundaciones. La Fundación Gonzalo Río Arronte, creada por un empresario mexicano que hizo un legado testamentario de 600 millones de dólares, con el mandato de atender y apoyar la salud, las adicciones y el agua, es hoy una de las mayores de México.

Esta acción creó un precedente en el país y provocó, el surgimiento de nuevas grandes fundaciones, como las que ha creado el Señor Carlos Slim, la Fundación Carso y la Fundación Telmex que operan programas con un patrimonio de más de mil millones de dólares. Otro ejemplo interesante es el Fondo Mexicano para la Conservación de la Naturaleza, que nació con una donación de 10 millones de dólares del gobierno americano con igual contrapartida del gobierno mexicano; fueron 20 millones de dólares que fueron confiadas a un Consejo Directivo privado. Gracias a una adecuada gestión financiera y a nuevas donaciones, esta fundación ha logrado15 años después, llegar a tener un patrimonio actual de alrededor de 100 millones de dólares.

También tenemos en México la Fundación del Nacional Monte de Piedad, que realiza donaciones anuales por alrededor de 20 millones de dólares, cuya fundación se remonta a 1775, año en que fue creada por cédula real. La Fundación Magdalena Brockmann que otorga becas para educación, la Fundación del Empresariado Chihuahuense, la Fundación Compartir y la Fundación Merced, entre otras.

Estos son los signos de la nueva filantropía en México. Tratando de identificar acciones filantrópicas en la historia de México, se han identificado, por sus características particulares, diversos periodos: el primer período se identifica con la época colonial, va de 1521 a 1860. Esta época se caracteriza por la fuerte presencia de la iglesia católica en el campo de la asistencia social, la educación, salud, hospitales y cuidados para viudas indigentes eran las responsabilidades de la iglesia, que era dueña de la mayor parte del territorio nacional y financiaba sus actividades sociales con recursos propios provenientes de las actividades de las haciendas.

En 1860, el presidente Benito Juárez promovió una reforma en el país. El Estado confiscó los bienes de la iglesia y, de esta forma, asumió desde entonces la responsabilidad de la asistencia social. Éste fue un cambio muy importante para la transformación social: lo que hacía el sector privado por razones religiosas lo empezó a hacer el Estado como parte de sus obligaciones públicas.

El segundo período de la filantropía mexicana se puede considerar de 1861 a 1960, cuando el Estado asume la asistencia social y crea instituciones de asistencia: la junta de asistencia privada, un órgano de regulación para la ayuda social privada que evitaba que las propiedades pasaran de nuevo a las manos de la iglesia. Durante la revolución mexicana, el Estado se consolidó y los grandes programas de asistencia para educación, salud y vivienda, entre otros, se establecieron.

Un tercer periodo iría de 1961 a 1985, y se puede caracterizar por el impulso a la noción de ciudadanía. El año de 1968 fue paradigmático en todo el mundo y también en México por las manifestaciones estudiantiles reprimidas antes de las olimpiadas. El año de1985 fue simbólico por el terrible terremoto que asoló a la capital del país. Este desastre provocó una reacción solidaria en la sociedad civil, que resultó en la concientización de los ciudadanos sobre la importancia que tienen la participación social, las nuevas causas sociales y el tercer sector.

El cuarto período, podría iniciar en 1986 y seguir hasta nuestros días, está marcado por la introducción del concepto de filantropía y trabajo voluntario, por la promoción de la responsabilidad social empresarial, por el surgimiento de nuevas fundaciones donantes y por una mayor participación en el sector social. En 2004 una nueva ley de Fomento a las Actividades de las organizaciones de la Sociedad Civil viene a dar fuerza a este sector social. Hoy vivimos el período de la expansión y del fortalecimiento de la inversión social.

A lo largo de estos períodos, la filantropía mexicana mantiene fuertes características de asistencialismo que, de cierta forma, están presentes también en los demás países latinoamericanos. La tradición de ayuda social por razones humanitarias vinculadas a motivaciones religiosas, o sea, a la salvación por la vía de la religión, es muy fuerte en la cultura religiosa.

Siguen existiendo dificultades para la expansión de la filantropía y la inversión social. La tendencia al asistencialismo se expresa en varios ámbitos. Las donaciones se concentran principalmente en acciones asistencialistas o suplementarias de educación y salud. Las empresas mexicanas donan recursos al gobierno en vez de donar recursos a la sociedad civil, que es lo que fortalecería la ciudadanía. Los medios de comunicación estimulan la donación asistencial de caridad. Los gobiernos, aunque digan que son a favor de la participación de los ciudadanos, tienen dificultades para renunciar al control que ejercen y todavía se sienten incómodos ante una sociedad civil organizada. En el aspecto legal, la lógica del asistencialismo entiende que no hay necesidad de incentivos fiscales, ya que el filántropo contribuye porque quiere ser una buena persona.

Aun así, vivimos un momento de crecimiento fantástico de la cantidad de donadores, del valor de las donaciones y del debate sobre el destino de las donaciones. Las empresas, la sociedad civil y algunas autoridades gubernamentales tienen una mayor conciencia de la complementariedad del dinero privado en acciones que el gobierno por si solo no logra realizar.

Finalmente, la inversión social privada, desde las empresas o desde los particulares, sigue siendo una oportunidad para sumar talento y visión privadas a la construcción de una mejor y mas equitativa sociedad en nuestro continente.

⁂

ARGENTINA
Carolina Langan,
Coordinadora General, Grupo de Fundaciones y Empresas de Argentina

En Argentina, el grande desafío en términos de inversión social privada reside en la innovación y en la amplitud de su alcance para abrazar también causas sociales no tradicionales. En Latinoamérica tenemos las áreas tradicionales de apoyo, que son salud, educación y desarrollo comunitario. El inversionista social se siente bien en estas áreas. Una encuesta de responsabilidad social corporativa en Argentina muestra que el 88% de los entrevistados está satisfecho o muy satisfecho con los resultados de sus intervenciones sociales. El desafío consiste, entonces, en superar la conformidad. Está claro que, cuando las cosas salen bien, nadie quiere cambiar, pero es necesario motivar a los donantes a que se superen para que generen programas transformadores.

También hay un desafío en términos del apoyo dado a las llamadas "organizaciones especializadas en acciones de *advocacy*", pues, en general, los inversionistas sociales tienden a apoyar organizaciones que prestan servicios, lo que es coherente con los altos niveles de pobreza e indigencia y con las deficientes redes de asistencia social pública de la región. Sin embargo, es importante apoyar también a las organizaciones que trabajan por causas sociales específicas.

Otro desafío interesante es desarrollar un proceso de formación de valores relacionados a la responsabilidad social de los ciudadanos y a la conciencia social ciudadana, dentro de la lógica de los derechos sociales universales. Con esto, me refiero no sólo a comprender que todos nosotros, como ciudadanos, tenemos derechos a ciertos servicios, sino que, primero que nada, tenemos el derecho a la oportunidad de apropiarnos adecuadamente de esos bienes y servicios.

También es importante tener acceso a conocimientos teóricos que ofrezcan elementos que ayuden a elegir una determinada estrategia o posición para enfrentar un problema específico. A menudo nos concentramos tan sólo en los efectos porque no comprendemos la magnitud, los orígenes y la causa raíz de un determinado problema social.

Además, resulta igualmente necesario operar con base en un diagnóstico, lo que es difícil porque a menudo no existen datos o hay poca información disponible, de tal suerte que hoy en día hay una gran demanda de estudios de investigación. Otro desafío se refiere al desarrollo de tecnologías, de una ingeniería social. Hay que aprender a administrar nuestros conocimientos y a cualificar nuestro aprendizaje, para que se puedan diseminar.

Cabe al tercer sector motivar, promover y desarrollar nuevos inversionistas sociales. En Argentina es muy importante desarrollar donantes privados y, en ese sentido, las pequeñas y medianas empresas son actores cada vez más importantes. Por otro lado, cabe al sector público estimular a las organizaciones de la sociedad civil y a los donantes privados mediante la mejoría de la legislación de incentivos fiscales.

Un tópico bastante interesante que vale la pena mencionar es el de las catástrofes o situaciones de emergencia, de las cuales ningún país de la región está libre. Sin embargo, tenemos muy poco conocimiento sobre el asunto. Es importante examinar las experiencias de otros países y aprender a actuar de forma coordinada. No sé, por ejemplo, si hubiera hoy en Argentina una catástrofe o situación de emergencia, si los donantes serían de hecho capaces de realizar donaciones adecuadas y de forma organizada.

En el caso específico de Argentina, uno de los principales desafíos es democratizar y federalizar las inversiones sociales del país. Otro gran reto es tener mayor *accountability*, o sea, mayor rendición de cuentas y transparencia, por medio de auditorías sociales y evaluaciones de las instituciones. Además, existe la necesidad de rever la lógica del financiamiento de proyectos, para que las iniciativas de inversión social privada realmente aporten al fortalecimiento del tercer sector y de la filantropía. Esto incluye contribuir a la sostenibilidad y al fortalecimiento de las organizaciones sociales, al desarrollo y a la retención de recursos humanos, y a la capacitación de los medios de comunicación para cubrir temas sociales.

Son muchos los desafíos, pero también son muchas las oportunidades. La *e-phylantrophy* es un buen ejemplo de todo lo que podemos hacer a través de Internet para movilizar un mayor volumen de recursos a favor de causas sociales. Hay varios ejemplos de la forma como uno puede movilizar recursos con un sólo clic y sin ningún esfuerzo.

El contexto actual también es propicio al desarrollo cooperativo, al trabajo en conjunto. Un buen ejemplo para ilustrar esto es la Red América, en donde es posible establecer una cooperación con organizaciones de otros países y, juntos, trabajar en la definición de un posicionamiento regional.

También hay excelentes oportunidades para el desarrollo de la inversión social de las empresas. Las fundaciones constituyen un modelo muy interesante porque ofrecen estabilidad, permanencia y actuación enfocada, pero tienen que cumplir estatutos muy rígidos. Por otro lado, las empresas gozan de más flexibilidad para realizar inversiones sociales y, por ende, les resulta más fácil apoyar modelos no tradicionales como, por ejemplo, microfinanzas y capacidad emprendedora social. Las empresas también pueden hacer cosas muy sencillas como, por ejemplo, aplicar el método *teaming*, que es simplemente la generación de microdonaciones en equipo. De esta forma, es posible canalizar muchos recursos, y la empresa sólo tiene la responsabilidad de coordinar la iniciativa.

Ahora es el momento de hacer que avance aún más la inversión social privada en Latinoamérica, a través del entusiasmo de un grupo cada vez mayor de personas con valores de ciudadanía y solidaridad. Ha llegado el momento de dar este paso hacia delante y entusiasmar a toda la sociedad para que pueda apropiarse de todos estos bienes, que, en última instancia, son bienes públicos.

❋

BRASIL
Fernando Rosetti,
secretario general, GIFE

La discusión sobre la inversión social privada en Latinoamérica debe responder a cuestiones relacionadas a la definición de roles, a la distinción entre Inversión Social Privada (ISP) y Responsabilidad Social Empresarial (RSE), a la consolidación de la ISP y al financiamiento del Tercer sector.

DEFINICIÓN DE ROLES

Aún persiste una seria dificultad en definir los papeles de los tres grandes sectores de la sociedad, esto es, gobierno, sector privado y tercer sector. Aunque sea del comienzo de la década del 90, el diagrama a continuación sigue siendo actual en el panorama de la inversión social privada.

El Estado se fue debilitando en los discursos de los años 90. Se decía que el Estado estaba mal administrado y que, por lo tanto, las empresas y la sociedad civil deberían desempeñar un mayor papel en la construcción de una sociedad sostenible. En la década de los 90 había, por ejemplo, empresarios que pensaban que era necesario privatizar el sistema de enseñanza público.

Actualmente existe una percepción colectiva más desarrollada, según la cual es imposible pensar en inversión social privada sin pensar en el rol del Estado. La inversión social privada y la sociedad civil se organizan en una sociedad de acuerdo o en interfaz con las políticas públicas que ofrece el Estado. Por lo tanto, tenemos que crear instancias intersectoriales en donde estos tres actores, que tienen ritmos, culturas, y aspiraciones diferentes, puedan encontrarse y formular propuestas para el bien público, para lo que es de todos nosotros, pero que no necesariamente es estatal.

DISTINCIÓN ENTRE INVERSIÓN SOCIAL PRIVADA Y RESPONSABILIDAD SOCIAL EMPRESARIAL

Responsabilidad Social Empresarial es la gestión sostenible y responsable del negocio, de tal forma que se consideren todos los públicos con los que se relaciona la empresa. Por su parte, la inversión social privada es el aporte voluntario de recursos privados (voluntario talvez sea la palabra más importante aquí, que significa que la empresa hace un aporte porque quiere, y no porque exista alguna obligación legal de hacerlo). Aquí, la palabra recursos indica que el aporte no se limita tan sólo a recursos financieros, pues éstos pueden ser una competencia, conocimientos, materiales etc. La inversión social privada es diferente de los modelos asistencialistas de actuación en la sociedad porque dicha inversión de recursos en la sociedad conlleva planificación, sistematización y supervisión.

GIFE, 2007

Hace 10 ó 15 años, en Brasil, la responsabilidad social empresarial y la inversión social privada se encontraban en campos diferentes. La responsabilidad social estaba más en el campo de lo privado, de la gestión de negocios, de la empresa, al paso que la inversión social privada estaba más en el campo público, de las ONGs, del tercer sector, del Estado. ¿Qué observamos a partir del año 2000? Las empresas se están volviendo cada vez más sociales, mientras que las ONGs y todas las organizaciones de la sociedad civil se están volviendo cada vez más empresariales. Este fenómeno no es exclusivo de Brasil. Se trata de un fenómeno global en donde deja de haber una clara distinción entre lo social y lo privado, pues a veces es difícil definir si la acción de una fundación empresarial es inversión social privada o responsabilidad social empresarial. Acciones en las que todos ganan, en donde gana la comunidad y gana la empresa, dificultan esta distinción.

Además, ocurre un fenómeno interesante: hoy en día, las empresas están llamando a las organizaciones creadas con la finalidad de trabajar con inversión social privada para que faciliten a dichas empresas el establecer relaciones con varios de sus *stakeholders*. En otras palabras, está surgiendo un nuevo rol para las fundaciones corporativas, uno en el que no sólo actúan hacia fuera, con la comunidad, sino que también hacia el interior de sus empresas aportando su repertorio sobre cuestiones sociales, medioambientales y culturales. Las fundaciones corporativas están ayudando a sus propias empresas a elaborar planes de negocios que incorporen relaciones más sostenibles. Éste es un momento de transición en que la definición de inversión social empresarial resulta insuficiente ante la complejidad de las acciones que se observan en el momento actual.

CONSOLIDAR LA ISP

Con base en la definición clásica de inversión social privada y en la observación de las organizaciones que trabajan con este tipo de inversión, es posible establecer una tipología, como muestra la ilustración a continuación.

Topología de la Inversión Social Privada

GIFE, 2007.

El primer tipo se refiere al asistencialismo, a la caridad: el donante ataca el síntoma, pero no la causa, del problema social, o sea, da abrigo, da comida, realiza una campaña de navidad para donar juguetes, pero la acción no es sistemática ni bien planeada.

El segundo modelo, que es muy frecuente en las organizaciones empresariales, se puede llamar de multiproyectos. Éste surge cuando la organización empieza a trabajar con una escuela y se da cuenta de que el problema de la escuela tiene que ver también con las familias de los niños y, así, comienza a trabajar con las familias; entonces, se da cuenta de que de nada sirve trabajar con las familias si no trabaja en la generación de ingresos y empieza a trabajar con la generación de ingresos; entonces, se da cuenta de que tendrá que establecer alianzas y empieza a colaborar con el gobierno. El resultado de dichas acciones es un trabajo social con múltiples proyectos en el que aparentemente no hay una alineación entre los proyectos sociales y el negocio de la empresa. Esto no se sostiene durante mucho tiempo. En un momento dado alguien en el consejo preguntará: ¿Por qué estamos haciendo todas estas cosas? ¿Cuál es el resultado de nuestro trabajo?

Cuando la pregunta está bien hecha y bien formulada, la organización empieza una búsqueda por un enfoque común para todos sus proyectos sociales. Lo que caracteriza a la búsqueda de enfoque es que la organización empieza a canalizar más energía hacia dentro que hacia fuera. Incluso las organizaciones que encuentran su enfoque social, que tienen misión, visión y estrategia bien definidas, después de un cierto tiempo de actuación empiezan a ampliar el abanico de sus acciones y, por eso, periódicamente tienen que reencontrar su enfoque.

Una vez definidos el enfoque, la misión y la visión, es posible definir estrategias de acción, indicadores y evaluación. Finalmente, el paso de las estrategias al terreno de las tecnologías sociales y políticas públicas tiene que ver con la cuestión de escala: ¿Qué hago para que esto se vuelva grande? ¿Cómo debo manejar los problemas complejos? Y aquí, la única salida, en realidad, son las alianzas intersectoriales.

FINANCIAR AL TERCER SECTOR

¿De dónde viene el dinero que ha creado al tercer sector? Esta discusión sobre el financiamiento de las organizaciones de la sociedad civil como un desafío para la inversión social es importante para que dicha inversión aporte a la construcción de una sociedad sostenible.

En la década del 90, fue muy importante la ayuda internacional que recibió Brasil para el desarrollo del tercer sector en el país. GIFE, por ejemplo, nació en reuniones realizadas dentro de la Cámara Americana de Comercio, recibió contribuciones muy importantes de recursos de la Fundación Kellogg, y ha recibido recursos considerables de la Fundación Avina y de la Fundación Ford para su desarrollo. Actualmente, Ford, Kellogg, Avina, Mott Foundation y Open Society son las cinco fundaciones que financian la infraestrutura de la sociedad civil en el mundo. Sin embargo, la ayuda internacional está cambiando de perfil. La estrategia para Brasil y Latinoamérica se está adquiriendo un nuevo abordaje en el que se aportan conocimientos, metodologías e instrumentos, pero el financiamiento de todo eso no es más internacional, sino local. Y, algunas de las grandes fundaciones están desplazando su enfoque de actuación hacia África y Asia.

Otro sector que tradicionalmente invierte en la sociedad civil es el propio gobierno, ya sea al reducir el tamaño del Estado mediante al subcontratación de servicios, los cuales los empieza a desarrollar la sociedad civil, o por medio de la captación de recursos para programas de colaboración.

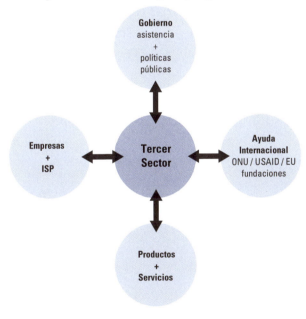

GIFE, 2007.

Los datos sobre flujos de dinero y recursos para el tercer sector son absolutamente frágiles o inexistentes. Sin embargo, sabemos que la cantidad de fundaciones y organizaciones sin fines de lucro se ha triplicado en Brasil, en los últimos 15 años. En 2007, eran 275 mil fundaciones y organizaciones sin fines de lucro en el país. Por ende, la competencia por recursos es mucho mayor.

El tercer sector se está transformando en un mercado en el que las personas compiten por dinero. Esto es bueno porque se ven forzadas a profesionalizarse más. También hemos presenciado el nacimiento y la supervivencia de organizaciones fuertes. Sin embargo, las organizaciones sociales locales – que llamamos en inglés de *grassroots organizations*, las pequeñas organizaciones que trabajan con barrios o comunidades – tienen una enorme dificultad de captación. Y, todos los que actúan en el sector social están concientes de la importancia de estas *grassroots organizations*. Enfrentamos ahora el gran desafío de identificar las acciones necesarias para aportar a la sostenibilidad de la base de la sociedad civil, que tiene capilaridad, satisface las necesidades locales y ejerce presión a favor de políticas públicas más consistentes. Un desafío para la inversión social privada es el de concebirse como un agente capaz de fortalecer no sólo el Estado, sino también la base de la sociedad civil, de tal suerte que contribuya a una sociedad sostenible.

INVERSIÓN SOCIAL EN LATINOAMÉRICA:
MIRANDO HACIA EL FUTURO

OPORTUNIDADES Y DESAFÍOS[8]

La inversión social privada en Latinoamérica está en plena fase de crecimiento y fortalecimiento: crece la cantidad de recursos, tanto financieros como humanos, disponibles para la inversión social privada; hay una mayor concientización sobre la importancia de la inversión social privada, tanto en las empresas como en la sociedad civil; y hay un mayor reconocimiento público de la contribución de la inversión social privada al bienestar de la sociedad. En casi todos los países del continente existe una institución que promueve profesionalmente la inversión social que realizan las empresas. De esta forma, se ha construido en los últimos diez años un importante patrimonio de organizaciones dedicadas a la inversión social privada, tales como GIFE e IDIS en Brasil, GDFE en Argentina y Cemefi en México.

Además, los últimos diez años de práctica y desarrollo de la inversión social privada en la región han contribuido a la acumulación de conocimiento y a la formación de redes de aprendizaje e intercambio, como, por ejemplo, la Red América, el Foro Empresa y la Red Interamericana de Investigación de la Responsabilidad Social. Finalmente, vale la pena registrar también el gran interés de los medios de comunicación en temas de inversión social privada y el profesionalismo con que cubren dichos temas.

---

8. En 23 de septiembre de 2007, el taller "Análisis de la Inversión Social en Latinoamérica" liderado por IDIS y facilitado por Fernando Rosetti, secretario general de GIFE, reunió a un grupo de 54 líderes del sector para discutir el contexto de la inversión social privada en Latinoamérica. Los participantes seleccionados representan una amplia variedad de organizaciones que van desde institutos y fundaciones privadas a universidades y asociaciones. La discusión se dio alrededor de cuatro ejes temáticos: fortalezas, oportunidades, debilidades y amenazas, y generó aportes valiosos para pensar el futuro de la inversión social privada en la región.

En este contexto de crecimiento y vigor, es posible identificar muchas oportunidades para el desarrollo y fortalecimiento aún mayor de la inversión social privada en la región, entre las cuales descuellan:

OPORTUNIDADES

Movilización de persona y recursos: la actual (y creciente) concientización de la sociedad sobre cuestiones sociales y de equidad representa un excelente momento para la movilización de más personas y recursos para la inversión social privada, no sólo en lo que se refiere a la inversión social corporativa, sino también a la posibilidad de aumentar el interés de familias, individuos y comunidades en la inversión social privada, abriendo de esa forma oportunidades de expansión para la inversión social familiar e inversión social comunitaria.

Innovación en inversión social privada: Si por un lado la sociedad, conciente de las cuestiones sociales, demuestra mayores expectativas en relación a la eficacia y a los resultados de la inversión social, por otro está más abierta a nuevas formas de actuación. Es así como ha surgido la oportunidad de desarrollar nuevas formas de inversión social, a través de la experimentación con modelos híbridos, que combinan abordajes del sector social con prácticas del sector privado, como la capacidad emprendedora social y la filantropía de riesgo.

Globalización de la economía: La globalización de la economía latinoamericana ha contribuido al rápido crecimiento de la inversión social corporativa en la región, haciendo que las empresas transnacionales y, también, las locales actúen cada vez más en el campo de la inversión social privada. Además, la creciente influencia del movimiento de la responsabilidad social empresarial ha contribuido a que haya un mejor entendimiento del pensamiento sistémico y de la interrelación que existe entre los factores económicos, sociales y ambientales del desarrollo sostenible.

Producción de Conocimiento: Finalmente, vale la pena resaltar que existe la oportunidad de desarrollar el área de la producción de conocimiento, la investigación y la profesionalización de las personas que trabajan en el sector social. Debido al desarrollo de nuevas experiencias y al aprendizaje derivado de las mismas, ha aumentado la necesidad de sistematizar y diseminar dicho conocimiento.

A pesar de los muchos éxitos y resultados en estos últimos quince años de inversión social privada en Latinoamérica, hay, por otro lado, una serie de debilidades que requieren consideración y acción. Persiste en el sector la tendencia al corporativismo institucional, o sea, a seguir los intereses específicos de la institución de inversión social privada en vez de apoyar las prioridades de desarrollo social de la comunidad. La agenda de la inversión privada se coloca por encima de lo social, y los objetivos y directrices de instituciones privadas con un brazo social están más alineados a los intereses de la empresa que a las cuestiones y prioridades sociales del país. En esta situación no hay una comprensión de las posibilidades y de los beneficios de la actuación en red, y por medio de alianzas, en causas comunes alineadas a las prioridades nacionales.

Otra debilidad de la inversión social privada en la región, y que hay que fortalecer, se refiere a la cuestión de la escalabilidad. Muchos proyectos del tercer sector son de buena calidad pero no logran tener un impacto de gran escala. Coadunar calidad, cantidad y bajo costo es un reto frecuente para la inversión social privada en Latinoamérica. Por ejemplo, en el caso de Brasil, el sector público, ya sea en la salud o en la educación, logra satisfacer la demanda de la cantidad: actualmente, el 97% de los niños brasileños está en la escuela. Sin embargo, la calidad es muy mala. Cuando el tercer sector desarrolla acciones exitosas y con resultados efectivos, la calidad es mayor, pero la cantidad es menor. Entonces, el desafío de la escalabilidad es el de actuar con cantidad y calidad y a bajo costo. Y, para tener escalabilidad es necesario poder realizar una evaluación basada en resultados medibles e indicadores claros, comparables a indicadores y resultados nacionales. También es necesario fortalecer los espacios de cooperación y conciliación para que éstos se vuelvan más eficientes y dejen de ser tan sólo lugares en donde las buenas intenciones se discuten, pero nunca se transforman en acciones concretas.

La capacitación y cualificación de líderes es otra debilidad. La actual cualificación y profesionalización de líderes del tercer sector no cubre la gran heterogeneidad de necesidades existentes en la amplia y variada gama de organizaciones que componen el sector. El resultado es una gran dificultad y lentitud en la interlocución entre los diversos actores sociales, pues existen distintos grados de entendimiento y de capacitación. Además, hay una creciente necesidad de entender esta nueva área de conocimiento propuesta por la inversión social privada, que abarca cuestiones sociales, financieras y administrativas, y que exige una nueva lógica y nuevas prácticas.

Otro aspecto que hay que trabajar mejor es la governanza de la inversión social privada. Como muchas empresas son familiares, muchos institutos y fundaciones corporativos tienen consejos mixtos, que están compuestos por representantes de la familia y por representantes de la empresa. A menudo esto genera situaciones sin solución y de falta de liderazgo. Es necesario fortalecer el modelo de governanza para que considere no sólo los intereses del consejo, sino también los intereses de los beneficiarios de la inversión social.

Finalmente, es necesario pensar la inversión social privada con sostenibilidad. En este sentido, lo que preocupa es la discontinuidad de proyectos y programas sociales, así como la "amnesia sistémica" de ciertas organizaciones que con frecuencia cambian todo su equipo y empiezan de cero, sin dar continuidad a las iniciativas anteriores. Hay igualmente un gran desfase entre el ritmo de las decisiones de inversión social empresarial y el ritmo de las organizaciones sociales, o sea, las ejecutoras de la inversión social.

Además de conocer las deficiencias y debilidades del sector que hay que corregir y fortalecer, también es importante entender los desafíos del contexto externo, para los cuales debe estar preparada la inversión social privada a fin de protegerse.

DESAFÍOS

Fortalecimiento del sector público y legal: Un desafío aún presente en Latinoamérica se refiere a la inestabilidad política de los gobiernos, a la ineficiencia de la administración pública y a las debilidades del marco reglamentario. Los gobiernos populistas representan también un reto, pues muchas veces les conviene perpetuar la pobreza y los bajos niveles de educación.

Sensibilización: La falta de cultura y conocimiento de la inversión social por parte de algunas empresas privadas también se puede considerar un desafío para el sector. Hay empresas privadas que todavía mantienen un abordaje asistencialista y trabajan de forma reactiva, cuando, en realidad, lo que se necesita es que tomen medidas proactivas. Otro reto es promover la participación y cualificación de líderes empresariales en cuestiones de inversión social privada.

Transparencia en el tercer sector: El tercer sector representa una amplia gama de organizaciones y, a menudo, es visto por la sociedad como un área de corrupción. En algunos países de la región, hay mucha resistencia y desconfianza hacia el tercer sector y las organizaciones sociales. Por lo tanto, es fundamental desarrollar mecanismos de transparencia, *accountability* (rendición de cuentas) y clasificación de las organizaciones sociales, para fortalecer la credibilidad del sector.

El cuadro a continuación presenta de forma resumida los puntos fuertes y débiles, así como las oportunidades y los desafíos de la inversión social privada en Latinoamérica.

PUNTOS FUERTES	PUNTOS DÉBILES
• Disponibilidad de recursos humanos y financieros • Concientización de la sociedad • Reconocimiento público • Conocimiento acumulado • Organizaciones profesionales dedicadas a la ISP (IDIS, Cemefi, GDFE, GIFE) • Redes de aprendizaje e intercambio (Red América, Fórum Empresa) • Interés de los medios de comunicación	• Corporativismo institucional • Falta de una cultura de cooperación • Escalabilidad • Evaluación • Sostenibilidad • Líderes cualificados • Governanza
OPORTUNIDADES	**DESAFÍOS**

• Movilización de más personas y recursos
• Innovación:
  • Capacidad emprendedora social
  • Filantropía de riesgo
  • Fundaciones comunitarias
  • Fundaciones familiares
• Globalización de la economía: mayor acceso a empresas globales
• Producción de conocimiento
• Educación, capacitación y cualificación de recursos humanos
• Tecnologías de la información
	• Fortalecimiento del sector público
	• Marco reglamentario
	• Estabilidad política
	• Gobiernos populistas
	• Sensibilización
	• Transparencia en el tercer sector

LA EMPRESA Y LA FAMILIA COMO INVERSIONISTAS SOCIALES: CARACTERÍSTICAS, DESAFÍOS Y SU RELACIÓN CON LA SOCIEDAD CIVIL Y EL SECTOR PÚBLICOS

Independientemente de quien sea el inversionista social privado, ya sea empresa, familia o comunidad, el propósito final es el mismo para todos: poner a disposición recursos (humanos, financieros, materiales, técnicos etc.) para el bien público con miras a generar un impacto social positivo. Sin embargo, como inversionista social, cada uno de estos actores sociales tiene valores específicos y lógica propia. Mientras que la inversión social corporativa tiende a ser la expresión del ethos de la empresa, la inversión social familiar se puede utilizar para enseñarle a la próxima generación el valor del dinero. Mientras que la inversión social familiar tiene flexibilidad para elegir su enfoque, la inversión social empresarial trata de alinearse al negocio y a la estrategia de la empresa. Mientras que las familias tienden a preocuparse por la actuación a largo plazo, con perpetuidad, los ejecutivos de las empresas tienden a adoptar una visión más inmediata, a corto plazo, para la inversión social.

INVERSIÓN SOCIAL EMPRESARIAL

La principal finalidad de la empresa es producir bienes y servicios, generar empleos y distribuir dividendos a los socios y accionistas. Sin embargo, además de ser una entidad económica, la empresa se presenta en la sociedad también como una entidad ética y social, ya que utiliza recursos y ocupa espacios que son bienes de toda la sociedad.

En las últimas décadas hemos presenciado una mayor participación de las empresas en las cuestiones sociales de las comunidades locales en donde se operan. Es cada vez más difícil aislar la mirada sobre el negocio de la empresa del impacto socioambiental, pues la sociedad le exige cada vez más a la empresa una actuación socialmente responsable y sostenible. Su participación voluntaria en la comunidad, si está bien planeada, supervisada y evaluada, puede contribuir a la realización de transformaciones sociales relevantes, generando beneficios para la comunidad y para la propia empresa.

Cuando una empresa decide tener un brazo social, es fundamental que defina el enfoque de su inversión social. Dicha definición, empero, tiende a ser un proceso provocador, pues el programa de inversión social está vinculado a un público objetivo, que generalmente es el público en donde actúa la empresa, pero que no es necesariamente el público objetivo de los negocios de la empresa.

Generalmente se da una relación dinámica entre las dos partes, en la que el crecimiento del brazo social de la empresa sigue el crecimiento del negocio. Así, las fundaciones y los institutos empresariales cambian y evolucionan de acuerdo con el dinamismo de las acciones de la empresa. Por otra parte, como la finalidad de las fundaciones e institutos empresariales es pública, tienen poder de provocación e influencia sobre la empresa para que ésta reconozca también su finalidad social. Para promover esta relación entre la empresa y su brazo social es fundamental integrar a los empleados de la empresa, a través del trabajo voluntario corporativo, a su actuación social. De esta forma, empresa y fundación se complementan.

Es importante resaltar que para la inversión social hay una importante diferencia entre empresas familiares y empresas de capital abierto. En el caso de las empresas familiares, la convicción y participación de los accionistas facilitan la gestión integrada, y el proceso de cambio puede ser acelerado en comparación con las empresas de capital abierto.

En suma, es fundamental una relación dinámica y estrecha entre la empresa y su brazo social. Para tanto, es necesario involucrar a los colaboradores en el brazo social de la empresa, superar la competencia interna y la superposición de acciones entre las dos, y definir claramente los roles de la empresa y de la fundación/instituto.

INVERSIÓN SOCIAL FAMILIAR

Las fundaciones de origen familiar tienen bastante libertad para elegir el enfoque de su actuación. Sin embargo, el desafío para este tipo de fundación reside en definir un enfoque que exprese los valores de la familia y represente los intereses de actuación de los familiares. Otro gran reto es garantizar la participación de las generaciones futuras en la inversión social.

La cuestión de la governanza es muy importante, principalmente en lo que se refiere a la transparencia y definición de roles y responsabilidades. Generalmente, hay un consejo deliberativo, formado por miembros de la familia, y una dirección ejecutiva que implementa las decisiones. La presencia de miembros de la familia en el consejo de la fundación puede generar tensiones, motivo por el cual cada uno debe tener muy claro su papel. Al consejo le cabe el rol de establecer directrices y tomar algunas decisiones estratégicas, pero no es su función ocuparse con los detalles de la operación. Por ende, es necesario que los familiares entiendan que se deben mantener distantes de la operación de la fundación.

Tradicionalmente, las fundaciones familiares realizan su trabajo de manera aislada e independiente, desde su propia práctica. Sin embargo, actualmente crece la tendencia de apertura y colaboración, ya que cada vez más el trabajo se realiza en colaboración o alianzas, a través del intercambio de experiencias y del apoyo a proyectos de otras organizaciones.

Finalmente, al considerar la inversión social empresarial y la familiar, cabe analizar también las posibilidades de articulación y colaboración entre los dos. ¿Es posible compatibilizar los intereses de la familia, accionista, con los intereses de la empresa? ¿Los valores de la familia y de la empresa son complementarios, pueden estar relacionados? ¿Cuál es el papel de la familia empresaria?

El accionista controlador puede contribuir a enriquecer la relación entre la fundación y la empresa, representando tanto los intereses de la familia como los de la empresa, e a incorporar una visión de largo plazo y perennidad, que no siempre tienen los ejecutivos de empresas. Puede, además, apoyar a la fundación en su rol de provocador, desde los valores de la familia, para introducir nuevos temas en la empresa.

Compatibilizar la visión social de la fundación con la visión empresarial de la corporación no es una tarea fácil. Mientras más claro sea el enfoque que une la empresa a la fundación, más sostenible será la relación entre las dos partes.

Finalmente, un tema crucial, tanto en el mundo de las fundaciones como en el de las empresas familiares, es la sucesión del liderazgo. Ambas organizaciones deben estar atentas a este tema y realizar continuamente actividades de apoyo a la formación de líderes, trabajando con varias generaciones de la familia.

RELACIÓN DEL INVERSIONISTA SOCIAL CON EL SECTOR PÚBLICO: ¿COLABORACIÓN O SUSTITUCIÓN?

La inversión social privada puede, y debe, contribuir a influenciar las políticas públicas. A pesar de la diversidad encontrada en Latinoamérica y del avance de políticas populistas, hay mucho espacio para la actuación colaborativa con los gobiernos de la región. Como la finalidad de la inversión privada es el bien público, es inevitable establecer relaciones con el gobierno.

Las políticas públicas comprenden decisiones de gobierno en diversas áreas que influyen en la vida de un conjunto de ciudadanos. Son los actos que el gobierno hace o deja de hacer y los efectos que dichas acciones o la ausencia de las mismas provocan en la sociedad. El inversionista social puede, por ejemplo, contribuir a que las políticas ya existentes beneficien efectivamente a los más necesitados, promover la adopción de modelos de gestión de lo público o influir en la definición de prioridades para la utilización de recursos en determinadas áreas o programas.

La conciencia de corresponsabilidad en el desarrollo ha resultado en una cantidad creciente de políticas públicas basadas en experiencias exitosas de organizaciones sociales, empresas, institutos y fundaciones privadas. Cuando un proyecto se transforma en política pública, adquiere mayor amplitud y, además de beneficiar más personas, ayuda a diseminar acciones de éxito.

En esta alianza entre el sector público y el inversionista social privado, hay tres temas que suelen presentar menos obstáculos al trabajo en conjunto: educación, tema frecuente en todos los países de la región, generación de ingresos y desarrollo comunitario.

Trabajar con gobiernos locales es sumamente relevante, ya que de esta forma tanto el gobierno como el inversionista privado tienen más posibilidades de evaluar el impacto de las acciones sociales. La alianza con el gobierno local involucra aspectos fundamentales, como voluntad política, compromiso ético, competencia técnica y confianza. Y cabe al inversionista social adaptarse a la máquina burocrática y a la jerarquía rígida del gobierno, sin ceder a la tentación del asistencialismo, que desafortunadamente todavía es común en muchos programas gubernamentales.

Aunque sea importante y deseable influir en políticas públicas, cabe resaltar que no es la única forma en que puede trabajar la inversión social privada y que este tipo de influencia no se debe ejercer invariablemente en todas las oportunidades. Depende mucho del momento, de las capacidades del inversionista y de la conveniencia.

Finalmente, la inversión social privada desempeña el importante papel de apoyar y promover la participación de la propia comunidad. De esta forma, más que influir directamente en las políticas públicas, el inversionista privado debe, a través de sus programas, crear capacidades en las comunidades para que las mismas influyan en las políticas públicas.

RELACIÓN DEL INVERSIONISTA SOCIAL CON LA SOCIEDAD CIVIL: ¿DONACIÓN O ALIANZA?

Es deseable que las relaciones entre las organizaciones sociales y los inversionistas sociales sean más horizontales: que no se vea el inversionista social solamente como un donante, un proveedor de recursos, sino realmente como un aliado o socio. Por otra parte, es importante reconocer la capacidad, la autonomía y el conocimiento de las organizaciones sociales.

Existen distintas formas de hacer que las organizaciones se vuelvan corresponsables de los proyectos. El financiamiento de un proyecto puede estar condicionado, por ejemplo, a la aplicación de criterios de desempeño, efectividad y resultados. Otro abordaje es trabajar con cofinanciamiento, en donde las organizaciones sociales aportan sus activos, no necesariamente sus recursos económicos, además de tiempo, voluntarios, instalaciones, etc.

No es posible tener un buen impacto si no existe una relación entre el gobierno, las empresas y la sociedad civil. Por lo tanto, la comunicación entre los sectores, que identifique los proyectos que está implementando cada uno, es primordial para la sostenibilidad de los procesos de desarrollo. Es muy importante tener una política de comunicación dentro de las organizaciones y entre ellas, para que haya un buen conocimiento de los objetivos. Este tipo de política aumenta la transparencia y funciona como un mecanismo que identifica sinergias y evita desconfianzas.

El concepto de sostenibilidad abarca varios aspectos. No se refiere únicamente a la capacidad de renovación de un proyecto, sino también a la generación de conocimiento. Incluye también la sostenibilidad de la gestión de las organizaciones, de tal forma que éstas sean capaces de crear otros proyectos. El desarrollo resulta de un proceso de cooperación y, por ello, fortalecer el proceso institucional en las entidades, dentro las organizaciones, es fundamental.

Es crítico que el inversionista social respete el saber y entienda las necesidades de la comunidad. Para ello, es importante que las fundaciones empresariales conozcan a la comunidad y construyan una relación de confianza con ella. El primer acercamiento del inversionista social a la comunidad es el más importante. Hay que identificar los activos, los conocimientos y las necesidades de la comunidad. Muy a menudo, dicho acercamiento se puede dar a través de líderes comunitarios o de otras organizaciones que ya actúan en la comunidad, aunque no trabajen sobre los mismos temas. En ese escenario, métodos participativos tienden a generar resultados positivos.

Para que sea participativo, el proceso tiene que ser plural, tiene que involucrar a diversos grupos con diferentes formas de pensar. En la selección de proyectos, por ejemplo, es esencial que el proceso de convocatoria sea transparente y plural. Muchás veces el proceso de selección de los beneficiarios excluye a organizaciones pequeñas, pero creativas y que trabajan estrechamente con la comunidad, por el simple hecho de que es muy complejo el proceso de convocatoria. Por ejemplo, una convocatoria no se puede hacer tan solo a través de medios electrónicos, sino que es necesario usar también otras formas de comunicación, como pósteres o la difusión a través del boca a boca de los líderes comunitarios. Esto es importante para que no eliminemos, en el proceso convocatorio, a las pequeñas organizaciones que trabajan cerca de la comunidad y que poseen valiosos conocimientos.

El inversionista social tiene que estar suficientemente enfocado y ser suficientemente flexible para que pueda incidir en las causas de los problemas y no sólo en sus efectos. Hay que pensar siempre de una manera más sistémica, sin perder el norte. Las causas de los problemas, por otra parta, son variables y, por ello, el inversionista social también deber ser flexible en sus procesos de selección de beneficiarios. Tiene que saber identificar las variables que causan los problemas.

El inversionista social busca apoyar proyectos innovadores. Ahora bien, siempre hay más riesgos cuando se apuesta en proyectos innovadores. Sin embargo, como son innovadores, pueden generar mayor retorno. Por lo tanto, es importante que la inversión social también tenga tolerancia al fracaso, pues así se aprende mucho. Finalmente, el inversionista social tiene que estar conciente de que existe un riesgo de fracaso y de que se puede aprender mucho con eso. Después de todo, el fracaso puede ser la clave para un futuro éxito.

CONCLUSIÓN

La inversión social privada es un medio eficiente para la promoción del desarrollo social, redistribución de riquezas privadas y creación de formas de trabajo que impulsen el equilibrio y el desarrollo armonioso de la sociedad.

En Latinoamérica, todavía encontramos deficiencias en amplios grupos sociales: la pobreza, la marginación y la desigualdad persisten y crecen. La solución de estos problemas atañe a toda la sociedad. En las últimas décadas son cada vez más numerosos los grupos de ciudadanos que adquieren conciencia de su responsabilidad social y que se organizan en forma de asociaciones voluntarias para participar en la búsqueda de alternativas y en proyectos diseñados para el bienestar comunitario. Igualmente, hay cada vez más empresas que incrementan su participación en el desarrollo social, aportando talento y recursos empresariales bajo el concepto de inversión social privada.

La filantropía aparece en todas las grandes religiones y civilizaciones del mundo, como el cristianismo, islamismo y budismo, bien como en Asia, África y Latinoamérica. Han existido filántropos entre capitalistas y socialistas, así como entre misionarios de distintos credos. La filantropía también está presente en los actos de los gobiernos y, durante muchos años, se ha debatido en que medida las personas deben valerse por si mismas, en que medida se les debe ayudar mediante actos voluntarios y en que medida el Estado debe intervenir.

Los principios fundamentales de la nueva filantropía o inversión social privada, discutidos en este Foro, muestran que no se debe actuar de forma emotiva e impulsiva, sino con base en las evidencias, en análisis cuidadosos y en la planificación. Se le ha asignado más importancia a la educación e investigación, y la idea principal ha sido el uso eficiente de los recursos. Siempre es preferible prevenir problemas sociales a tratar de resolverlos.

La inversión social privada enfrenta varios desafíos en Latinoamérica, como hemos podido discutir. Según el Informe de la Riqueza Mundial 2007, un estudio sobre los inversionistas más ricos del mundo realizado por Capgemini y Merrill Lynch, los individuos más ricos de nuestra región destinan solamente el 3% de sus activos financieros a donaciones filantrópicas. Comparativamente, los magnates asiáticos donan el 12% de su dinero; los del Medio Oriente, el 8%; los norteamericanos, el 8%; y los europeos, el 5%.

Nuestro continente es muy rico también en creatividad e innovación. La inversión social tiene que alimentarse de esta energía que reconocemos en cada uno de los países de Latinoamérica. Durante los días del Foro, pudimos reflexionar sobre el mundo de la inversión social, lo que era la meta de esta reunión. De cierta forma, cada participante es un protagonista de la historia que se rescató aquí y del futuro, protagonista de la historia que vamos a escribir después y a partir de este encuentro. Sabemos que no pudimos abordar todos los temas relacionados a la inversión social que nos preocupan, y también estamos seguros de que no hemos respondido todas las preguntas. Pero lo que se ha vivido aquí puede definir la agenda para acciones futuras.

Sabemos de donde venimos y tenemos una dirección hacia el futuro, pero todavía no sabemos lo que vamos a encontrar después, porque existen variables, riesgos, que no están bajo nuestro control. Como dijo Guimarães Rosa, *"Viviendo se aprende, pero lo que se aprende, más, es sólo a hacer otras preguntas mayores."* Así, salimos de aquí con más inquietudes y preguntas para responder. Para dar continuidad a esto, tenemos que ejercer una capacidad estratégica, de interpretación de la realidad, a fin de encontrar oportunidades para fortalecernos, evitar los peligros y transformar las debilidades en fortalezas.

ANEXOS

ANEXO A:
LISTA DE PARTICIPANTES

Alejandro Martinez, Fundación Merced
Alicia Pimentel, Fundación Empresas Polar
Ana Beatriz B. Patrício, Fundação Itaú Social
Ana Maria Drummond, Instituto WCF-Brasil
Ana Petrini, Fundación Minetti
Ana Valéria Nascimento Araújo Leitão, Fundo Brasil de Direitos Humanos
Beatriz Johanpeter, Instituto Gerdau
Carla Duprat, Grupo Camargo Corrêa
Carlos March, Fundación Avina
Carolina Langan, Grupo de Fundaciones y Empresas
Célia Schlithler, IDIS
Celso Varga, IDIS
Ceres Loise Bertelli Gabardo, Fundação O Boticário de Proteção à Natureza
Claiton Melo, Fundação Banco do Brasil
Claudio Giomi, Fundación Arcor
Consuelo Yoshida, IDIS
Corina Ferrer Minetti de Lozada, Fundación Minetti
Cristina Galindez Hernandez, The William and Flora Hewlett Foundation - Mexico
Dario Guarita Neto, Fundação Maria Cecilia Souto Vidigal
Eduardo Valente, Instituto Vivo
Elizabeth Kfuri Simão, Grupo Coimex
Enrique Morad, Fundación Loma Negra
Fernando Nogueira, GIFE
Fernando Rossetti, GIFE
Flavio Martín Flores Acevedo, Asociación Los Andes de Cajamarca
Graciela Pantin, Fundación Empresas Polar
Guillermo Carvajalino, Fundación Empresarios por la Educación

Anexos | 77

Gustavo Lara Alcántara, Fundación BBVA Bancomer
Helena Monteiro, IDIS
Jorge V. Villalobos Grzybowicz, CEMEFI
José Eduardo Sabo Paes, Promotoria de Justiça
e Fundações e Entidades de Interesse Social
Juan Andrés Garcia, Associacíon Española de Fundaciones
Juliana Gazzotti Schneider, IDIS
Manuel José Carvajal, Fundación Carvajal
Márcia Woods, IDIS
Marcos Kisil, IDIS
Margareth Dicker Goldenberg, Instituto Ayrton Senna
Michael Liffman, Asia-Pacific Centre for Philanthropy and Social Investment
Swinburne University
Miguel Gaitán, Fundación Pantaleon
Olavo Gruber Neto, Fundação Orsa
Olívia Tanahara, Fundação Orsa
Regina Vidigal Guarita, Fundação Maria Cecilia Souto Vidigal
Rob Buchanan, Council on Foundation
Roberto Pizzarro, Fundación Carvajal
Rodrigo Villar Gómez, Fundación DIS
Rosangela Bacima, Instituto Pão de Açúcar
Russell Prior, CAF
Scot Marken, Donors Forum of South Florida
Sérgio Amoroso, Fundação Orsa
Sérgio Mindlin, Fundação Telefônica
Silvia Bertoncini, IDIS
Silvia Morais, Instituto Hedging-Griffo
Susan Saxon-Harrold, CAF America
Wilberto Luiz Lima Junior, Klabin

ANEXO B:
MINIBIOGRAFÍA DE LOS CONFERENCISTAS INVITADOS Y AUTORES CONFERENCISTAS

Carolina Langan se graduó en sociología, en la Universidad de Buenos Aires, con maestría en administración y políticas públicas en la Universidad de San Andrés. Fue coordinadora general y directora ejecutiva de la asociación civil "Puentes", en 1998. Actualmente es coordinadora general del Grupo de Fundaciones y Empresas (GDFE). Autora de la publicación "Estudios de inversión social: una aproximación al estudio de las fundaciones donantes en Argentina" y coautora de la "Guía de la inversión social". Experta en diseño y evaluación de programas y proyectos sociales y temas vinculados a la inversión social privada.

Fernando Rosetti es secretario general de *GIFE* (Grupo de Institutos, Fundaciones y Empresas) y *chairman* de *Wings* (Worldwide Initiatives for Grantmakers Support). Graduado en Ciencias Sociales en la Unicamp, trabajó en el diario *Folha de S.Paulo* de 1990 a 1999, como reportero de Educación y corresponsal en Sudáfrica (1994-95). Tiene una especialización en Derechos Humanos de la Universidad de Columbia (EE.UU., 1997). Fundó, con Gilberto Dimenstein, la ONG Cidade Escola Aprendiz (Ciudad Escuela Aprendiz), que dirigió de 1999 a 2002. Ha trabajado como consultor para diversas organizaciones nacionales e internacionales del tercer sector, como Unicef, organización para la cual escribió el libro "*Mídia e Escola - Perspectivas para políticas públicas*" (Medios de Comunicación y Escuela – Perspectivas para políticas públicas).

Es comentarista del Canal Futura desde 1997, Synergos Senior Fellow y líder-socio Avina.

Jorge Villalobos Grzybowicz es presidente del Centro Mexicano para la Filantropía, Cemefi, fundado en 1988 con la misión de promover la cultura de la filantropía y la responsabilidad social. Tiene una amplia trayectoria de proyectos de desarrollo y promoción social desde organizaciones de la sociedad civil. Fue coordinador de la facultad de comunicación de la Universidad Iberoamericana. Desde 1990, colabora con el Centro Mexicano para la Filantropía. Forma parte del consejo ciudadano de desarrollo social de la Secretaría de Desarrollo y del Consejo Técnico Consultivo de Desarrollo Social, en el ámbito nacional, y de los consejos de otras fundaciones y asociaciones.

Juan Andrés García se graduó en geografía e historia en la Universidad Complutense de Madrid. Fue director del Centro de Fundaciones, director de la Asociación Española de Fundaciones. Ha participado en la organización y difusión de los Encuentros Iberoamericanos del Tercer Sector, y es miembro del consejo en representación de AEF. Es patrono de dos fundaciones españolas con fines sociales. Ha colaborado en diversos libros y publicaciones, tales como los "Directorios de Fundaciones Españolas" y "La Responsabilidad Global de la Riqueza".

Marcos Kisil es director presidente de IDIS y profesor titular de la Universidad de São Paulo, Facultad de Salud Pública. Antes de ocupar esta posición, fue director regional para Latinoamérica y el Caribe de la Fundación W.K. Kellogg, en donde estuvo a cargo del desarrollo programático y estratégico de la actuación de la fundación en Latinoamérica. Marcos Kisil se recibió de médico en la facultad de medicina de la Universidad de São Paulo. Posteriormente, se dedicó al campo de la administración de salud, y obtuvo su doctorado en administración en George Washington University, Washington, DC, EE.UU., como becario de la Fundación W.K.Kellogg. Actuó como consultor de la Organización Panamericana de la Salud. Es senior fellow Synergos y miembro de los consejos administrativos de la Resource Alliance e Save Brasil – BirdLife International.

Michael Liffman es director fundador de Asia-Pacific Centre for Philanthropy and Social Investment de la Swinburne University, Melbourne, Australia. El centro ofrece educación profesional y académica en inversión social, además de realizar investigación y ofrecer consultoría en Australia y otros países. Michael tiene experiencia en política pública social, servicios comunitarios e inversión social. Fue el presidente de una de las fundaciones líderes de Australia, la Fundación Myers, y presidente de la Australian Association of Philanthropy. Fue miembro de International Network on Strategic Philanthropy. Sus publicaciones incluyen "A Tradition of Giving: Seventy-five Years of Myer Family Philanthropy", (Melbourne University Publishing, 2004). Es maestro en administración social de London School of Economics y PhD.

Rob Buchanan es director de programas internacionales del Council on Foundations en Washington, EE.UU.. Council on Foundations es una asociación de interés público por medio de la promoción de la inversión social en los Estados Unidos y en el mundo. Rob trabajó diez años en Oxfam America y también en EarthAction. Desempeñó la función de asesor de las dos casas del congreso americano sobre políticas internacionales. Rob se graduó The Johns Hopkins University y tiene maestría en relaciones internacionales de The Johns Hopkins School of Advanced International Studies. Es coautor del libro "Making la Difference in Africa: Advice from Experienced Grantmakers", publicado en 2004. Rob es actualmente miembro del consejo de Asia Pacific Philanthropy Consortium.

Rusell Prior es director ejecutivo, desde 2005, de los programas corporativos de la Red CAF internacional, responsable de Company Giving, que incluye Give As You Earn, CAF Company Account y Company Trusts, y de las operaciones internacionales de CAF. Rusell trabajó durante dos décadas en el banco Barclays, en donde adquirió conocimiento y experiencia en el sector, tanto en el Reino Unido como internacionalmente.

Scott Marken es presidente y CEO de Donors Forum of South Florida desde el 2004. Donors Forum of South Florida es una asociación de fundaciones, empresas, individuos y fondos de gobierno activos en Miami, Ft. Lauderdale, Palm Beach y Florida Keys. Los miembros de Donors Forum han contribuido con más de US$ 600 millones al año en una de las regiones más multiculturales de los Estados Unidos. Anteriormente, Marken fue CEO de una empresa de consultoría internacional en inversión social trabajando con clientes como Ericson, Burger King y Rotary International.

AUTORES

Helena Monteiro es Directora de Conocimiento y Educación de IDIS. Antes de ocupar esta posición, Helena acumuló más de 15 años de experiencia en el sector social en Canadá y EE.UU., dedicándose a proyectos de educación, salud y desarrollo social. También actuó en el campo de la cooperación internacional, coordinando proyectos de educación y salud de la Organización Panamericana de la Salud (OPAS), Organización de los Estados Americanos (OEA) y Asociación Canadiense de Salud Pública. Helena es licenciada en pedagogía de la Pontificia Universidad Católica de São Paulo – PUC, Maestra en Asistencia Social de la Universidad de Toronto, Canadá, y Senior Fellow del Centro de Filantropía y Sociedad Civil, de City University of New York (CUNY), EE.UU..

Márcia Kalvon Woods trabaja en IDIS desde 2002 y como Directora del Desarrollo Institucional del IDIS, desde 2007. Con amplia experiencia en captación de recursos y marketing para organizaciones del Tercer Sector, imparte clases sobre Marketing Relacionado con Causas (MRC) en los cursos de educación continuada del GIFE/ ESPM y en la Faculdad de Salud Publica. Anteriormente trabajó en el sector de Marketing de la Cruz Roja en Australia, de la Shaklee Corporation y de la 3M de Brasil. Licenciada en Comunicación Social por la Escuela Superior de Propaganda y Marketing - ESPM, tomó cursos de extensión en la Universidad de San Pablo - USP/IDIS, en la Fundación Getúlio Vargas - FGV y en la Universidad de California.

Marcos Kisil es director presidente de IDIS y profesor titular de la Universidad de São Paulo, Facultad de Salud Pública. Antes de ocupar esta posición, fue director regional para Latinoamérica y el Caribe de la Fundación W.K. Kellogg, en donde estuvo a cargo del desarrollo programático y estratégico de la actuación de la fundación en Latinoamérica. Marcos Kisil se recibió de médico en la facultad de medicina de la Universidad de São Paulo. Posteriormente, se dedicó al campo de la administración de salud, y obtuvo su doctorado en administración en George Washington University, Washington, DC, EE.UU., como becario de la Fundación W.K.Kellogg. Actuó como consultor de la Organización Panamericana de la Salud. Es senior fellow Synergos y miembro de los consejos administrativos de la Resource Alliance e Save Brasil – BirdLife International.

TENDENCIAS DE LA INVERSIÓN SOCIAL PRIVADA EN LATINOAMÉRICA

INSTITUTO PARA O DESENVOLVIMENTO DO INVESTIMENTO SOCIAL

Autores:	Helena Monteiro, Márcia Kalvon Woods, Marcos Kisil
Coordinación:	Márcia Kalvon Woods
Traducción:	Joaquin Serrano

IMPRENSA OFICIAL DO ESTADO DE SÃO PAULO

Proyecto Grafico y Cubierta:	Guen Yokoyama
Asistente Editorial:	Berenice Abramo
Publicación:	Marilena Villavoy
Graficos:	Robson Minghini
Apoyo:	CAF, Fundação Vale do Rio Doce, Fundação Banco do Brasil, Gerdau, Instituto Camargo Corrêa y Fundación Loma Negra

Copyright © 2011 by IDIS – Instituto para el Desarrollo de la Inversión Social

Dados Internacionais de Catalogação na Publicação (CIP)
(Câmara Brasileira do Livro, SP, Brasil)

Monteiro, Helena
   Tendencias de la inversión social privada en la Latinoamérica = Tendencies of the private social investment in Latin America / Helena Monteiro, Marcos Kisil, Márcia Woods ; [tradución Joaquin Serrano ; translater Paula Sporleder]. -- 1. ed. -- São Paulo : IDIS-Instituto para o Desenvolvimento do Investimento Social : Imprensa Oficial do Estado de São Paulo, 2011.
   88 p.

   Título original: Tendências do investimento social privado na América Latina
   Edição bilíngue: espanhol/inglês.

   ISBN 978-85-60904-10-5 (IDIS)
   ISBN 978-85-7060-992-2 (Imprensa Oficial)

   1. Ação social - América Latina 2. Empresas - Aspectos sociais - América Latina 3. Participação social I. Kisil, Marcos. II. Woods, Márcia. III. Título.

09-12710	CDD 361.760981

Índices para catálogo sistemático:

1. América Latina : Investimento social :
   Organizações privadas : Bem-estar social
   361.760981
2. América Latina : Organizações privadas :
   Investimento social : Bem-estar social
   361.760981

Derechos reservados y protegidos

Reproducción total o parcial prohibida sin previa
autorización de los editores
(Ley nº 9.610, de 19.02.1998)

Hecho el depósito legal en la Biblioteca Nacional
(Lei nº 10.994, de 14.12.2004)

Impreso no Brasil 2011

Instituto para o Desenvolvimento do Investimento Social	**CAF – Charities Aid Foundation**	**Imprensa Oficial do Estado de São Paulo**
Rua Paes Leme, 524, cj. 141	25 Kings Hill Avenue	Rua da Mooca, 1.921 Mooca
Pinheiros 05424 904	Kings Hill	03103 902 São Paulo SP Brasil
São Paulo SP Brasil	West Malling	sac 0800 01234 01
Tel.: 11 3037 8210	Kent ME19 4TA UK	sac@imprensaoficial.com.br
Fax: 11 3031 9052	T: +44 0 3000 123 000	livros@imprensaoficial.com.br
www.idis.org.br	F: +44 0 3000 123 001	www.imprensaoficial.com.br
	enquiries@cafonline.org	
	www.cafonline.org	

Formato	15,5 x 23 cm
Tipologia	Chaparral Pro e ITC Franklin Gothic Std
Papel	miolo Offset 90 g/m^2
	capa Cartón Supreme Duo Design 300 g/m^2
Número de Páginas	88
Calado	1.200 ejemplares
CTP, Impresión y Acabado	Imprensa Oficial do Estado de São Paulo

imprensaoficial